Number_i

—新たなるステップ—

NUMBER_I

Sho Hirano
Yuta Jinguji
Yuta Kishi

石井優樹

太陽出版

プロローグ

2023年9月30日に旧ジャニーズ事務所（現『SMILE-UP.』）を退所した元King&Princeの岸優太が、10月15日、滝沢秀明氏率いる『TOBE』に加入した。

「数日前からTOBE公式YouTubeチャンネルで〝10月15日 18時から緊急生配信〟が告知されてはいましたが、当日は19時からの『鉄腕!DASH』（日本テレビ系）生放送SPでも岸優太くんの出演が事前告知されていたので、まさか〝加入〟生配信だとは思いませんでした。このあたり、滝沢秀明氏にはテレビ界の旧態依然化した常識やセオリーは通じないということでしょう」（フジテレビ関係者）

さらにある意味では既定路線の感はあるものの、平野紫耀、神宮寺勇太とともに新グループ『Number_i（ナンバーアイ）』を結成することも電撃発表された。

実は——

『どうせなら3人で組んで欲しい』

——とは永瀬廉、高橋海人からのリクエストだったともいわれていて、その舞台裏は本文中でお話ししたいと思う。

しかしこれで元V6・三宅健を筆頭にNumber_iの3人、元ジャニーズJr.・IMPACTors（現IMP.）の7人、同じく元ジャニーズJr.・大東立樹、そして旧ジャニーズ事務所時代から滝沢秀明氏の側近としても知られていた元Kis-My-Ft2・北山宏光と、旧ジャニーズ事務所から13人が所属。

さらに今後も、アッと驚くタレントが旧ジャニーズ事務所を退所、のちにTOBE合流を発表してもおかしくはない。

「旧ジャニーズ事務所からSMILE-UP.に社名変更し、さらにエージェント会社の社名がファン公募で決まったとしても、所属タレントたちの将来への不安が消えるわけではない。現に岡田准一、二宮和也は退所して個人事務所での活動を選択しているわけで、滝沢氏のもとには旧ジャニーズ事務所の所属タレントからの相談電話が毎日のように誰かしらかかってくると聞いています。東山紀之氏がエージェント会社の社長から身を引いたことで、所属タレントたちの多くは〝食える（仕事がもらえる）事務所に行きたい。外部から来る社長に義理はない〟と考えているようで、エージェント会社が正式に始動する前にそれなりの人数は退所するでしょうし、その多くはTOBEに所属することになりそうです」（同フジテレビ関係者）

本書ではNumber_iメンバーの旧ジャニーズ事務所退所からTOBE合流まで、さらにはNumber_iメンバーと交流のある側近スタッフが証言する情報&エピソードを中心に、TOBEと旧ジャニーズ事務所の実情と将来性にも触れていきたいと思う。

果たしてNumber_iは、その名が示す通りに〝ナンバーワン〟に輝くことができるのか？

皆さんそれぞれの受け止め方で、本書をお楽しみいただければと思う――。

Number_i
×
NUMBER_I

目次

4th Chapter 97
神宮寺勇太・Yuta Jinguji

Number_i

×

NUMBER_I

1st Chapter

TOBEと旧ジャニーズ

―新たなるステップ―

Number_i

Number_i始動！

この（2023年）10月末から11月頭にかけ、X（旧Twitter）を中心としたSNS上で盛んに囁かれていたのが、Number_iメンバーが海外での活動を始動させるのではないかという噂だった。

「きっかけは中国のSNSユーザーの投稿で、〝Number_iメンバーと北山宏光くんの4人が東京・虎ノ門のアメリカ大使館を訪れ、ビザの申請をする姿を目撃した〟――というものでした」（テレビ朝日関係者）

ご存知の方も多いとは思うが、現在、日本国民がアメリカに短期商用・観光等90日以内の滞在目的で旅行する場合、査証（ビザ）は免除されている。ただしそれにはアメリカ行きの航空機や船舶に搭乗する前にオンラインで渡航認証を受けなければならず、この電子渡航認証システムをESTA（Electronic System for Travel Authorization）と呼んでいる。

つまり仮に4人がアメリカ大使館でわざわざビザを申請していたとすれば、そのビザは短期商用・観光等90日以内の滞在目的で旅行するためのものではなく、期間はともかく腰を据えて芸能・エンタメ活動をするためのビザだと想像することができる。

そもそもNumber_i、中でも平野紫耀がKing & Princeを脱退、旧ジャニーズ事務所を退所した理由が『海外進出』を視野に入れたものだったのだから、いよいよ当初の目標通りに動き出したというわけだ。

「SNSが話題になった後に週刊誌が後追いの記事を載せ、その目的地をハワイだと報じました。これまでTOBEに入った旧ジャニーズ事務所の退所者のうち、まず三宅健くんは9月に第1弾デジタルシングル『Ready To Dance』を配信し、10月からは公式YouTubeチャンネルで約1時間の生配信を週一で行っています。IMP.は8月から毎月のようにデジタルシングルの新曲リリースを行い、『CRUISIN'』『IMP.』『SWITCHing』の3曲は確かな話題になっています。元ジャニーズJr.の大東立樹くんは日本テレビ系深夜ドラマ『秘密を持った少年たち』に出演と、それぞれが旧ジャニーズ事務所に所属していたときよりも精力的に活動している中、岸優太くんの合流を待って、ついに本命グループ(Number_i)が動き出した感がしますね」(同テレビ朝日関係者)

さしずめ北山宏光はお目付け役か、プロデューサー兼務であろうか……と誰もが想像していた中、当の北山宏光もTOBE合流を発表した2023年9月17日からちょうど2ヵ月後の11月17日、自身にとっても初のソロシングル曲『乱心 -RANSHIN-』を配信リリース。力強いビートの上にシニカルな歌詞が乗せられている今作は、その作詞を北山宏光自身が手がけ、作・編曲はTourbillonの葉山拓亮が担当。さらに11月10日に開設された北山宏光YouTube公式チャンネルでは、11月17日の配信に合わせてミュージックビデオ全編が公開された。

「このスピード感こそが滝沢秀明氏の本領発揮で、今の音楽界、音楽ファンのニーズに見事に応えているといえます。ここ数年で音楽を聴く側、楽しむ側の環境は劇的に変化していて、スマホ（や専用機）にダウンロードする、さらにサブスクサイト（アプリ）からダウンロードするのが主流となっている。滝沢秀明氏はそのニーズを把握しているからこそ、三宅健くんの『Ready To Dance』、IMP.の『CRUISIN'』『IMP.』『SWITCHing』をデジタルシングルで配信した。また今回の北山宏光くんの例でもおわかりの通り、作詞をして楽曲を完成させ、さらにはフルバージョンのミュージックビデオを制作してから配信リリースするまで、わずか2ヵ月間しか要していません。通常のCDシングルはCD製作だけで1ヵ月の猶予を必要とするので、スピード勝負ではとても配信リリースには敵わない。このスピード感も音楽ファンのニーズを取り込んでいる」（音楽関係者）

またこの10月24日、Hey! Say! JUMPも初のデジタルシングルとして『P.U!』をリリース。初週ダウンロード数としては2023年度で1位を記録（24,071DL）したことから、旧ジャニーズ事務所も徐々にデジタル配信解禁、サブスク解禁へと舵を切り始めるのではないだろうか。

『TOBEに所属させていただき、初のソロ楽曲であり、配信の1曲目。
かなりドキドキしていますが、
皆さんに楽しんでもらえるように丹精込めて歌わせていただきました。
『乱心』はロックな曲調でありながら、どこか日本を感じられるように、
激しさの中に日本語の美しさと遊びを意識して歌詞を書かせていただきました。
今の僕の頭の中を、楽曲や歌詞、パフォーマンス、映像で楽しみながら、
表現した自信作です』〈北山宏光〉

しかしこうしてTOBE合流メンバーが精力的に活動すればするほど、旧ジャニーズ事務所に「残りたい」と考えるメンバーは少なくなる一方ではないか。

「ひと昔前の〝辞めジャニ〟は、旧ジャニーズ事務所の圧力やメディアの忖度で思うような活動はできなかった。しかしここ数ヵ月間の騒動で、今後はファンや一般の視聴者が〝監視する〟側に回ってくれるので、もうそのようなことはできないし、やれないでしょう。TOBEのアーティストたちは大手を振って活動できるはずで、それは稲垣吾郎くん・草彅剛くん・香取慎吾くんの〝新しい地図(CULEN)〟も同じ。さっそく香取慎吾くんは11月16日の『ベストヒット歌謡祭 2023』にソロ出演し、関ジャニ∞、Kis-My-Ft2、なにわ男子ら旧ジャニーズ事務所の後輩たちと共演しています。Number_iの3人も具体的に動き出す時期に来ていて、それがビザの申請に繋がっているのでは」(前出テレビ朝日関係者)

北山宏光は、TOBEへの合流を発表した生配信で――

『日本を基盤としてアジアとかにも行ってみたいなぁと思っております』
『国境を越えて、いろんなことをチャレンジしていきたい』

――とも話していた。

この発言を聞く限り、北山宏光とNumber_iとの関わり方も楽しみだ。

TOBEが引き継ぐ旧ジャニーズが作り上げた〝エンターテインメント文化〟

実はこの11月に入って発表された〝4人目の退所発表〟で、旧ジャニーズ事務所が抱える内憂が「強烈に浮き彫りになった」と語るテレビマンは多い。その中の一人が、旧ジャニーズ事務所の所属タレントが出演する番組を多く手掛けてきた、TBSテレビの制作スタッフ氏だ。

「岡田准一くん、二宮和也くん、生田斗真くんに続く4人目の退所メンバーは、元MAのメンバーで、グループ解散後は俳優でダンサー、そして後進の指導や舞台演出に関わってきた屋良朝幸くんです。長年ジャニーズを見てきた者にすれば、この屋良くんの退所は先に旧ジャニーズ事務所から退所した3人と同等、いやそれ以上の衝撃があります」（TBS制作スタッフ）

屋良は旧ジャニーズJr.内ユニットMA解散後も旧ジャニーズ事務所に残留はしたものの、岡田准一、二宮和也、生田斗真らと比べると、一般的な知名度は遥かに劣るだろう。しかしこの3人が個人活動で名を馳せている間も、屋良は主に後進の指導で旧ジャニーズ事務所内における存在感や存在価値を高めていったのだ。

屋良は2024年1月16日に大阪・なんばHatch、同30、31日に東京・恵比寿のザ・ガーデンホールで行われる自身のライブ『TOMOYUKI YARA THE NEWLY』が千秋楽を迎える2024年1月31日をもって旧ジャニーズ事務所、現SMILE-UP.から退所することを発表した。

SMILE-UP.は「このたび、弊社所属タレント屋良朝幸は、2024年1月31日をもちまして、株式会社SMILE-UP.を退所いたしますことをご報告申し上げます」とし、退所に至る経緯を説明。それによると屋良の退所は旧ジャニーズ事務所の解体とは関係がなく、すでに2023年の春頃から『40歳最後の日となる節目のタイミング（1983年2月1日生まれ）で新たなチャレンジをしていきたい』との申し出があり、継続して話し合いを重ねてきたとのことだ。

SMILE-UP.側は「弊社としましてもその意向を尊重し、屋良を送り出すことといたしました。所属タレント一人一人が自身で選択した環境で長く活躍できることが最も大切なことだと考えておりますので、それぞれの選択に応じて担うべき役割を果たすことができますよう努めてまいります。改めまして、これまで屋良を支えてくださった皆様に心より御礼申し上げますと共に、新たな道を歩むこととなりました屋良を、今後ともご支援いただけますと幸いに存じます」との公式コメントを出したが、「そのコメントを鵜呑みにするテレビ関係者はいない」（前出TBS制作スタッフ）との声が。

「屋良くんはエージェント制に移行してからの活動に不安を感じたのでしょう。さらに問題は屋良くんを積極的に引き留めない、イコール〝故ジャニー喜多川イズムを感じさせるタレントはいらない〟とSMILE - UP.側と新エージェント会社の経営陣が判断したと思われることです」（同TBS制作スタッフ）

屋良朝幸は1995年、旧ジャニーズ事務所に入所。滝沢秀明氏や今井翼と同期で、長くジャニーズJr.として活動していた。ストイックに鍛え上げた肉体を生かしたパフォーマンスには定評があり、ロサンゼルスへのダンス留学も経験。嵐、タッキー&翼、関ジャニ∞らの楽曲でも振り付けを担当してきた。また、ミュージカル『Endless SHOCK』では2008年から17年まで堂本光一のライバル役を演じ、近年では後進の指導にも積極的に関わってきた。

「同期の滝沢秀明氏が旧ジャニーズアイランド社の社長に就任して以降、滝沢氏の要請で旧ジャニーズJr.の面倒をみるようになった。本人としても俳優やダンサーの仕事と裏方の仕事を両立させる満足感や使命感に満ちていたようですが、井ノ原快彦氏が旧ジャニーズアイランドの社長に就任したタイミングで冷遇されていったのです」（同前）

2022年3月からのTravis Japanのロサンゼルス留学もサポート。その実力と実績は全所属タレントも認めるところだった。

「すでにTOBEのオーディションに〝友人〟として助言を行っているともいわれ、退所後はTOBEと関わりを持つのは既定路線といわれています。タレントとして所属するかどうかは別ですが」（同前）

実は井ノ原快彦が旧ジャニーズアイランド社の社長に就任して以降、長年、旧ジャニーズJr.のダンス指導をしていた有名振付師S氏とその一派がTOBEに合流。着々と新人タレントの発掘を進めているのだ。

「そこに屋良くんが加われば、旧ジャニーズ事務所は確かに〝故ジャニー喜多川イズム〟こそ薄まりますが、同時に故ジャニー喜多川氏が残したエンターテインメント遺産さえも失ってしまう。そうなると、もはや新エージェント会社は旧ジャニーズ事務所のタレントを抱えるだけで、まったくの別会社と捉えざるを得ません。新しい経営陣や外野はそんな事務所にしたいのでしょうが、どう考えてもファン離れ、旧所属タレントの流出は止まりませんよ」（同前）

これで旧ジャニーズ事務所は完全にエンターテインメントの歴史から姿を消してしまうのか？

TOBEが引き継ぐのはタレントたち個々に留まらず、故ジャニー喜多川氏と旧ジャニーズ事務所が作り上げたエンターテインメント文化だということを、改めて強く感じる。

旧ジャニーズからの独立を考えている〝重要人物〟

さて11月中旬時点で去就が明らかになっていない旧ジャニーズ事務所所属タレントたちであるが、事前にNHK側から予告（?）された通り、『第74回NHK紅白歌合戦』の出場者から全員が弾かれたことで、改めて現実の厳しさを実感したそうだ。

現在はSMILE-UP.に所属する、かなりの重要人物（旧ジャニーズを代表する人気タレント）でさえ、具体的に独立を考えていると聞いているという。

「世間に与えるショックが大きすぎるためにTOBEへの合流はなさそうですが、本人は酔っ払うと滝沢秀明氏に電話をかけ、SMILE-UP.の愚痴ばかり溢しているそうです。彼が常連の恵比寿のバーでは、人目も憚らずに滝沢氏に電話してますからね」

――と、人気放送作家氏は明かす。

「その重要人物とは〝松本潤くん〟です。さすがに松本くんの独立はSMILE-UP.が全力で引き留めるとの声が強いですが、すでに嵐では二宮和也くんが独立し、嵐再集結の際には駆けつける、後輩たちとのYouTube公式チャンネルも継続する条件で決着しているので、松本くんの独立に際しての障害はほとんどありません」(人気放送作家)

奇しくも同い年の盟友・二宮和也が先鞭をつけてくれたおかげで、限りなく低かった可能性がそこそこ高くなっている。

そして松本潤自身、主演するNHK大河ドラマ『どうする家康』が最終回に向けて佳境に入った11月10日(金)、『あさイチ』の〝プレミアムトーク〟コーナーに生出演し、10月26日にクランクアップしたばかりの『どうする家康』にちなんで本音を吐露した。

「番組MCの鈴木奈穂子アナウンサーから『所属事務所を巡る問題もあったりしたかと思うんですけど、そのあたりでいろいろ考えたり悩んだりしたこともありましたか?』と問われた松本くんは、『この番組もそうですけど、〝自分たちが現場で作った作品がオンエアできないんじゃないか〟、〝今日の『あさイチ』にも出演できないんじゃないか〟と考える時期もありました。でも今回主演で出させていただくという意味では、その責任を最後まで全うしたいと今なお思ってるので、それがちゃんとできるような形になればいいなとずっと考えてやっていました』——と、逃げずに正面から答えていました。これは当の大河ドラマを制作するNHKの番組であることはもちろん、間もなく発表されるであろう(※3日後の11月13日 13時発表)紅白歌合戦の人選を睨んでのセリフだったことは明らかです」(同人気放送作家)

自分は紅白歌合戦には出られずとも、1組でも多くの後輩たちが出場できるように……の想いだったのだろう。

結果的にはNHK側が事前に匂わせていた通り、旧ジャニーズ事務所のメンバーは全員が第74回NHK紅白歌合戦の出場者から弾かれた。

「仕方がないと受け入れるしかありませんが、松本くんは『どうする家康』の撮影現場でもＮＨＫのスタッフたちに『自分が頑張ることで後輩たちにも希望を与えたい』――とアピールしていたそうで、1組も出場が叶わなかったことを『事務所（ＳＭＩＬＥ－ＵＰ.）のスタッフは最初から〝仕方がない〟と諦めるだけで、努力の〝努〟の字も動かなかった』――と不満に思っていたと聞いています。たとえ無理でも『少しは動く姿を見たかった』――というのが松本くんの言い分です」（同前）

さて今回が初の大河ドラマ出演（前作の最終話でのスポット出演は除く）、それも主演を務めた松本潤は、家臣たちに支えられて天下人となった徳川家康を演じた。

「終盤が近づくにつれ、松本くんがＳｎｏｗ Ｍａｎ・宮舘涼太くんの大河ドラマ初出演の機会を『お前にはまだ早い』のひと言で奪った……などのスキャンダルが囁かれましたが、第44話から宮舘くんよりもずいぶんと後輩で、しかもデビューすらしていない旧ジャニーズJr.ユニット・ＨｉＨｉ Ｊｅｔｓの作間龍斗くんが豊臣秀頼役で登場。このキャスティングだけ見ても、松本くんが主演の地位を利用して宮舘くんのチャンスを奪った事実がないことの証明になります。松本くんにしてみれば、宮舘くんに関わる〝偽情報〟が出回ったこともＳＭＩＬＥ－ＵＰ.に対する不信感を生む原因になっているのです」（同前）

『どうする家康』のクランクアップ後、松本はＮＨＫを通じて公式コメントを発している。

『最後のカットを撮る前、一度スタジオを出ると、
クランクアップを祝うため、たくさんの共演者の方が集まってくださっていました。
その顔を見たら感動して集中が切れそうになったのですが、
ここまでみんなで作ってきた作品の有終の美を飾るため、
気持ちを込めながら最後の撮影に臨みました。
クランクアップの瞬間に湧き上がったのは、ただただ感謝の気持ちです。
この作品のテーマである〝チームプレイ〟を長い時間かけて築き、
チーム全員で一つの作品を創ってきたんだと改めて感じ、
皆さんに心からの感謝を伝えたいと思いました』〈松本潤〉

かつてKing & Princeのデビューコンサートで松本潤に助言を求めたものの、あまりの完璧主義ぶりに「平野紫耀はそれ以降、松本を少し煙たがっている」といわれる平野紫耀と松本潤の関係だが、松本潤がSMILE-UP.と新エージェント会社に対する不満や不安、不信感を感じているのであれば、もし独立した際にはNumber_iコンサートの演出に関わる姿を見てみたい。

〝アンチTOBEの急先鋒〟井ノ原快彦の乱

さて、この1st Chapterでは旧ジャニーズ事務所とTOBEの現状について関わりがありそうな部分に触れてきたが、たびたび名前の挙がった井ノ原快彦こそが「アンチTOBEの急先鋒」と聞けば、井ノ原快彦の〝本当の評判〟についても語らねばなるまい。

「井ノ原くんは旧ジャニーズアイランド社の社長を引き受ける際、当時はまだジャニーズ事務所の社長を務めていた藤島ジュリー景子氏に『**滝沢と関係が深いJr.はデビューさせる気がありません。それでもいいですか?**』——と宣言したと聞いています。旧ジャニーズアイランドが旧ジャニーズJr.に〝定年制〟を導入した影響もあるでしょうが、IMP.(旧ジャニーズ事務所時代/IMPACTors)が簡単に旧ジャニーズ事務所を退所したのは、『**滝沢と関係が深いJr.はデビューさせる気がありません。それでもいいですか?**』という井ノ原快彦社長の方針が最も大きな原因です」

——こう話すのは、日本テレビプロデューサー氏だ。

「可哀想なのは、何年も〝デビュー間近〟と言われ続けているHi Hi Jetsと美 少年で、彼らは故ジャニー喜多川氏が作り上げたグループなのに、井ノ原くんの中では〝滝沢派〟と認識されているとか。ちなみにネタ元は、つい数ヵ月前に旧ジャニーズアイランド社を退社した幹部社員の一人です」（日本テレビプロデューサー）

井ノ原社長の方針となれば、所属タレントに与える影響は絶大だ。

「ジュリーさんとの対立がニッチもサッチもいかなくなり、半ば追われる形で旧ジャニーズ事務所の副社長、旧ジャニーズアイランド社の社長を退任した滝沢くんでしたが、かつて彼が完全にタレントを引退して裏方に回ったことが影響し、ジュリーさんが数々のタレントに後任社長の座を打診しても誰も名乗りを上げなかったのです。聞くところによるとまずはTOKIO・国分太一くんからトニセン・坂本昌行くん、そしてトニセン・長野博くん、KinKi Kids・堂本光一くん、嵐・松本潤くん、KAT-TUN・亀梨和也くん……と順に打診したものの、全員が『**俺はまだタレントを辞めたくないから**』の一点張り。別にジュリーさんは〝（滝沢のように）タレントを辞めて社長業に専念してくれ〟などとひと言も発していなかったのに。でも打診した全員、背広姿の滝沢くんが額に汗をしながら努力していた姿が鮮明に焼きついていたのか、〝半端な覚悟ではできない〟とビビっていたようです」（同日本テレビプロデューサー）

そんな中、藤島ジュリー景子氏の中での〝優先順位〟もさほど高くなかった井ノ原快彦が、『俺がやります』と連絡をよこしたというではないか。

「井ノ原くんは2023年9月7日と10月2日に開かれた記者会見で評判を上げましたが、もともとはジャニーズの中でも有数の〝人望のないタレント〟としてテレビ界、芸能界でも知られていました。その井ノ原くんが旧ジャニーズアイランド社の社長に就任すると聞いたとき、テレビ界ではちょっとした失笑騒動が起こったほど。もし井ノ原くんが旧ジャニーズ事務所上層部やタレントたちから信頼されていたら、現在はSMILE-UP.社の副社長とはいえ、当時ポッカリと空いた旧ジャニーズ事務所副社長の座も手に入れられていたはずです」(同前)

井ノ原快彦に〝人望がない〟というのはなぜなのか?

「柔らかくいえば、何事も〝自分優先主義〟だからで、もっとわかりやすくいえば〝自分さえよければそれでいい〟からです。2007年9月、当時はTBS系『学校へ行こう』で人気の頂点にあったV6のメンバーの中で、誰よりも早く女優の瀬戸朝香との結婚を発表。その後、旧ジャニーズ事務所の不文律として〝結婚はグループ一人まで〟が広まる結果になりました(※すでに元SMAP・木村拓哉は結婚済みだったが、井ノ原の結婚を機に、翌年には元TOKIO・山口達也が結婚)」(同前)

さらに井ノ原はソロ活動にも積極的で、2010年3月末から2018年3月末まで丸8年間もNHK『あさイチ』の初代キャスターを務め、その途中、〝あさイチ御殿〟と揶揄される3億円豪邸を東京・世田谷区内に購入。2015年4月からは愛川欽也の後任MCとして『出没！アド街ック天国』（テレビ東京系）の司会を現在も務めている。

「ソロ仕事のオファーが来るのは個人の能力によるものなので、井ノ原くんがいくら稼ごうと自由です。しかし結婚したのはV6が『学校へ行こう』で人気のピークにあった時期ですし、ソロ活動を増やすにしても、V6とトニセンのグループ活動に少なからず影響は出るので、〝結婚する前、仕事を受ける前にメンバーに相談の一つがあってもよかったのでは？〟と思うのが普通。こうお話しすればおわかりでしょうが、井ノ原くんはメンバーに対して何の相談もせず、勝手に物事を決めていたのです」（同前）

思ったことはすぐに実行しなければ気が済まない性格は、今回一部マスコミに流出した社内メール（掲示板）にも表れている。

【SMILE-UP. 社員の皆さんお疲れ様です。
SU代表取締役副社長CSO（※Chief Strategy Officer／最高戦略責任者）
井ノ原快彦です。

新社長について事前に説明したかったのですが、遅くなりすみません。

新社長はプロの経営者、特にエージェントのプロに来ていただこうということになりました。

福田淳さんという方です。

社長さんが外の人だとまったく違う会社になってしまうのではないか、
という不安もあると思いますが、私ももちろん取締役に入ります。

我々が繋いできた絆は、社名や社長さんが違っても、決して変わらないと思っています。

だから安心して欲しいです。

そして、新しく変えるところは思い切って。

守るところは精一杯守っていく覚悟でいます。

私は、この状況で社長を引き受けてくださる人はいないんじゃないかと思っておりました。

経営のプロからみても想像以上に大変な状況だと思います。

でも、福田さんは「こんな素晴らしいエンタメの文化は守らなくちゃダメですよ。

信じていただけるのなら、私でよければやらせていただきます」と決心してくださいました。

福田さんの心意気に感謝しています。

福田さんとの絆もこれから強くしていきましょうね。

これから我々がやらなければならないことは、目の前にある大事なお仕事。

そして、こんな状況でも逃げずに見守ってくれたファンの皆さんに、
今よりも本気で向き合っていくことだと思います。

いただいた愛情を、時間はかかっても、みんなでお返ししていきましょう。
今までよりもっと実力を上げて、今までよりもっと自立して、
日本で最先端の芸能プロダクションなんだと胸を張れるように、共に頑張りましょう!
いつも本当にありがとうございます】

この文章が〝本物〟だとすれば、なぜ社内から流出したのか？

そして本来、補償会社としてのSMILE－UP．で社長を務める東山紀之が発信すべきものではないのか？

実際、東山紀之は9月から性被害を訴えた被害者たちとの交渉を進めているのだから、いくら〝最高戦略責任者〟の肩書きがあるとはいえ、社長の頭越しに自分が目立ちたいのだろうと解釈されても仕方あるまい。


【東山さんはスマイルアップの社長さんとして、
被害者の皆さんの対話と補償に専念することを決意してくださいました。

当初は新会社も担当する予定でしたが、思ったよりも補償のほうが大変で、しっかりと向き合うために覚悟を決めてくださいました。

ご家族もいらっしゃる中、引退も決意して専念してくださること、私は心から感謝しています。

皆さんも無事に補償が進んでいくこと祈っていてください】

いかにも〝もっともらしい〟セリフだが、まとめると『東山さんにはご退場願うが、自分は新会社の取締役で残る』宣言に過ぎないようにも思える。

だからであろう、井ノ原快彦をよく知る旧ジャニーズ事務所のスタッフやタレントたちは〝下克上〟と受け止めているようだ。

「そもそも9月と10月の記者会見でも故ジャニー喜多川氏批判の口火を切り、自分たちを正当化するように誘導したのは井ノ原くんでしたし、それは決して被害者のためではなく、自分の芸能界生き残りと利益のためだと思われても仕方がない。元カミセンメンバーの中で最も井ノ原くんと〝折り合いがよかった〟といわれる岡田准一くんが退所したのも、井ノ原体制が進む旧ジャニーズグループには所属したくなかったから。そうでなければ『**なんとかお兄さん（先輩）の力になりたい**』と思うでしょうし、最初から退所する気なら、すぐに森田剛くんや三宅健くんに続いていたはずです」（前出日本テレビプロデューサー）

かつて井ノ原快彦とは〝男兄弟がいないので本当の兄のように慕っていた〟ＫｉｎＫｉ Ｋｉｄｓ・堂本剛も、「自身がパニック障害や突発性難聴で悩んでいた時期、井ノ原くんは一度励ましのメールをよこしただけで、（精神的な）力にもなってくれなかった」ことを理由に、今では完全に袂を分かっていると聞く。

「また表面上は『ピカンチ』シリーズ（原案・井ノ原快彦）を通して関係がよさそうに見える嵐のメンバーも、二宮和也の退所、さらには〝キャスターを務め続けるために退所する方向で交渉中〟といわれる櫻井翔など、〝イノッチのために新エージェント会社で頑張ろう〟と、残留の意向を100％表明しているメンバーはいません」（同前）

果たして井ノ原快彦の〝乱〟は成功するのか？

〝アンチTOBEの急先鋒〟との声も聞こえてくるだけに、TOBEの今後を占ううえでも、井ノ原快彦の今後の動向から目が離せそうにない――。

2nd Chapter

TOBE・滝沢秀明の戦略

―新たなるステップ―

Number_i

Snow Manを巡る滝沢秀明と旧ジャニーズ

タレント活動を引退し、2019年1月1日から本格的に旧ジャニーズアイランド社の社長としての業務に邁進した滝沢秀明氏だったが、在位は2022年10月31日までの3年10ヵ月間と短い。

その間、Snow ManとSixTONESを同日デビューに導き、旧ジャニーズ事務所初の世界配信デビューとなったTravis Japanを送り出す。さらに現在21人体制の少年忍者、TOBEから配信デビューを果たしたIMP.を育て上げるなど社長として精力的な活躍を見せてくれた。

「すでにタレントを引退する前の2018年9月にはタッキー&翼を解散し、〝幹部研修〟のような形で旧ジャニーズJr.の指導や編成に加わっていたことは広く知られています。そこでまず最初に着手したのが、ずっと可愛がってきたSnow Manの再編成。ラウールくん、目黒蓮くん、向井康二くんを抜擢し、〝CDデビューのために〟6人編成を9人編成に再構築した。そうでもしなければ『(故) ジャニーさんに (デビューへの) プレゼンをかけられない』というのが、当時の滝沢氏の強い想いでした」(大御所放送作家)

単純な順番や年功序列でデビューできるとは言い難いが、ベテランJr.の夢を叶えないと下の者の夢までも潰えてしまう——。

このあたりの考え方は、誰よりも早く才能を見出だされたものの、旧ジャニーズJr.リーダーとしての責務に追いまくられ、後輩の『嵐』に先を越された自身のトラウマも影響を及ぼしたのかもしれない。

さて、そんな滝沢秀明（当時の）ジャニーズアイランド社長がSnow ManとSixTONESのCDデビューに注力し始めた頃、思わぬハプニングが彼を襲う。

そう、2019年6月18日、自宅で体調の異変を訴えた（故）ジャニー喜多川氏が、東京・広尾の日本赤十字社医療センター（通称 日赤病院）に救急搬送されたのだ。

「ここから話が少し複雑になるのですが、のちに当時のジャニーズ事務所は（故）ジャニー喜多川氏が解離性脳動脈瘤破裂によるクモ膜下出血で入院したことを発表します。緊急搬送時に87才（87才8ヵ月）だったジャニーさんの年令、解離性脳動脈瘤破裂によるクモ膜下出血という極めて死亡率の高い、ともすれば発症した時点で即死の患者も珍しくない大病だったことを考えると、搬送されてから亡くなるまではICU（集中治療室）ないしICU並の設備が整ったVIP個室のどちらかで治療を受け、ほぼ発症から死去まで意識不明の状態だったと考えられます。事務所からの公式発表では7月9日午後4時47分、東京都渋谷区の日本赤十字社医療センターでクモ膜下出血により死去となっていますが、（故）ジャニー喜多川氏が搬送された数日後には日赤病院の内部情報として死去が伝えられていて、もちろん医療関係者には守秘義務があるので推測情報だったと信じたいのですが、これが単なる脳出血ではなく〝解離性脳動脈瘤破裂によるクモ膜下出血〟となると、死亡率は天と地ほど違う。そこで先に申し上げた通り〝複雑〟になってくるのが、『Snow ManとSixTONESのメンバーが（故）ジャニー喜多川氏の病室を訪れ、CDデビューを了解してもらえた』といわれる〝舞台裏〟です」（同大御所放送作家）

実は当初、Ｓｎｏｗ ＭａｎとＳｉｘＴＯＮＥＳのメンバーは（故）ジャニー喜多川氏から直々にＣＤデビューを伝えられたと報じられた。それがしばらくすると２０１９年6月28日、Ｓｎｏｗ ＭａｎとＳｉｘＴＯＮＥＳのメンバーは【（故）ジャニー喜多川氏の〝病室〟で伝えられた】に変わったのだ。

（故）ジャニー喜多川氏直々に伝えられたことと、単に病室で伝えられたことは大きく違う。滝沢氏が意識のない（故）ジャニー喜多川氏の前で〝発表しただけ〟でも、病室で伝えられた状況は成立するからだ。

しばらく後にＳｎｏｗ Ｍａｎ・深澤辰哉は――

『（デビュー決定は）突然すぎて言葉が出なかった。

〝えっ⁉〟って。

もちろん病室という状況もあったけど、

なんかねえ、なんだろう……あの感情は二度と湧き上がることはないだろうし、

言葉じゃ言い表せない。

ただ〝ありがとう〟って言葉をジャニーさんに言えたのはよかった』

そう振り返っているが、(故)ジャニー喜多川氏と〝会話を交わした〟とは言っていない。意識不明の(故)ジャニー喜多川氏に語りかけただけとも受け取れる。

「この〝デビュー発表〟の状況が一人歩きし、のちに藤島ジュリー景子氏、メリー喜多川氏に滝沢氏が詰められたのです。要するに真偽はともかく**『余計なことを話すな』『勝手に美談にするな』**――と。(故)ジャニー喜多川氏は旧ジャニーズ事務所の社長ではありましたが、(故)メリー喜多川氏にとっては弟、藤島ジュリー景子氏にとっては叔父。他人の滝沢氏が身内の状態をエピソードにしたことが、お二人にとってはどうしても許せなかったのです」(同前)

この一件を機に、滝沢氏とジュリー氏、(故)メリー氏の間には大きな亀裂が生じる。

特にSnow Manがその(音楽映像作品の)売上に反して冷遇されていた(ように見えた)のも、こんな事情からだという。

「**『お前らはペラペラと勝手なことを喋りすぎだ』**――と、ジュリーさんから直接怒られたと聞いています。まあ、身内の不幸話を美談エピソードとして発信するタレントが許せなかったのでしょうが、マスコミに〝(故)ジャニーさんのお墨付きでデビュー〟と発表されてしまっては、後で取り消すことはできない。どうしてもSnow Manをデビューさせたかった滝沢氏の作戦勝ちでしょう」(同前)

すでにメリー喜多川氏は鬼籍に入り、藤島ジュリー景子氏もマネジメントからは外れている。反TOBEの急先鋒である井ノ原快彦氏も、新エージェント会社の役員として〝ビジネス最優先〟で考える他ない。

Snow Manを取り巻く環境も激変している今、新エージェント会社にとってはまさにSnow Manこそがドル箱であり、どのタレントよりも厚遇されることは間違いない。

滝沢氏への〝義理〟以外、彼らが新エージェント会社を離れる理由はない。

旧ジャニーズの後継者〝TOBE〟

故ジャニー喜多川氏は、家庭環境が複雑な少年を抜擢する傾向があった。

そこには紛れもなく、幼少期から青年期までを人種差別社会のアメリカ合衆国で過ごした経験から、社会的な弱者に対する庇護の気持ちを持っていたからに他ならない。このあたりは性加害者の一面とは切り離して考えるべきだろう。

そんな故ジャニー喜多川氏の最初の〝スペオキ（スペシャルなお気に入り）〟は、半世紀以上前の古い話になるが、中学卒業後に集団就職で和歌山県から名古屋市に出て、その後は勤め先をバックレて大阪在住の兄の下に身を寄せていたフォーリーブス・（故）北公次氏だった。

当時は1960年代とはいえ、その時代に中学卒業と同時に集団就職せざるを得なかった家庭環境は、決して裕福とはいえなかっただろう。

さらに推定2才で親に捨てられた児童養護施設出身の豊川誕氏、東山紀之SMILE-UP.社長も滝沢秀明TOBE社長も、幼少期に実親の離婚を経験している。

故ジャニー喜多川氏は家庭環境が複雑な少年たちほど〝強い〟と評価し、逆境を乗り越える力を持っていると話していたそうだ。

若き日の滝沢秀明少年の強さと潜在的なリーダーシップは、それを裏付ける一因かもしれない。

「滝沢秀明氏は旧ジャニーズJr.時代、第1期ジュニア黄金時代を牽引した立役者ではありますが、すべてはその才覚を故ジャニー喜多川氏が見抜き、わずか15才の滝沢少年をジャニーズJr.のリーダーに抜擢した大胆な戦略のおかげ。その当時でもジャニーズJr.は東京だけでも120人以上が在籍していましたが、滝沢少年は彼らを率いて旧ジャニーズJr.黄金期を築き上げたのです」(テレビ朝日プロデューサー)

故ジャニー喜多川氏に、その〝リーダーシップ〟を認められた滝沢秀明氏だが、のちに本人は『本来、静かで隅っこにいるタイプだし、人前に立つことも苦手』と明かしている。

『リーダーになれる目の前のチャンスを一度でも逃がすと、100人以上もJr.がいるんだから、自分がリーダーになれる順番は二度と巡ってこないかもしれない』

——しかし当時の滝沢少年は、その想いから自分を追い込んで結果を出してきたのだ。

「滝沢秀明氏は2018年に故ジャニー喜多川氏の後継者として歩む道を選びますが、すでにその時点で22~23年間はみっちりと〝ジャニー喜多川イズム〟を叩き込まれてきていたのです。その事実は未来永劫変わらないし、故ジャニー喜多川氏のエンターテインメント精神と実践を受け継いでいるのは、今も旧ジャニーズ事務所に残るメンバーたちではなく、紛れもなく〝滝沢秀明〟その人なのです」（同テレビ朝日プロデューサー）

ファンや旧ジャニーズ事務所のメンバー、スタッフの中には異論の声を上げる者もいるかもしれないが、旧ジャニーズ事務所はSMILE-UP.社と新エージェント会社の設立で解体されるのだから、〝名前が違う（ジャニーズが付かない）〟TOBE社を後継者と認めることに何の不都合があろうか。

「設立以降、第1号の三宅健くんから最新の岸優太くん（Number_i）まで旧ジャニーズ事務所退所組が13名所属するTOBEですが、三宅健くんの所属発表よりも早くから告知されていた東西オーディションでは複数名の合格者が選抜され、レッスンも着々と進んでいると聞いています。故ジャニー喜多川氏は事務所の基盤がしっかりするまで旧ジャニーズJr.のオーディションのみに頼らず、フォーリーブス、郷ひろみ、田原俊彦、近藤真彦、東山紀之らをスカウトで集め、ジャニーズJr.オーディションが定期的に行われるようになってからもKinKi Kids、有岡大貴、中島裕翔らを子役からスカウト。中には便宜的にオーディションに参加させただけのメンバーもいますが、TOBEに所属しているメンバーでいえば、三宅健は故ジャニー喜多川氏との面接のみでオーディションを免除されたエリート組ですし、平野紫耀も元ジャニーズのダンス講師からの紹介で旧ジャニーズJr.に入所しています」（同前）

現在は俳優としてTOBEに所属している元ジャニーズJr.の大東立樹同様、滝沢秀明氏がジャニーズアイランド社長時代に見出だされた織山尚大も今後TOBE入りが有力とされている。

TOBEで活動を始動させたNumber_iの今後が楽しみなのはもちろんだが、旧ジャニーズJr.時代からJr.オーディションの審査員を務め、故ジャニー喜多川氏の真横で〝将来性を見抜く目〟を学んだ滝沢秀明氏が送り出す〝純TOBEアイドル〟第1号が楽しみでならない。

TOBEと新しい地図の関係

11月中旬現在、旧ジャニーズ事務所を退所したメンバーのうち、三宅健を筆頭に北山宏光、平野紫耀、神宮寺勇太、岸優太、IMP.（元IMPACTors）、大東立樹らの13名が所属しているTOBE。

「TOBE移籍の大本命と目されていたSnow Man、対抗のSixTONESですが、テレビ界では〝少なくとも年内は両者のTOBE合流はない〟と噂されています。11月に入って佐久間大介くん、渡辺翔太くん、阿部亮平くんの3人が相次いで個人事務所を設立。しかも事務所の所在地が旧ジャニーズ事務所、現SMILE-UP.本社ビルと同じ住所なので、それを根拠に〝Snow Manは残留を決めた〟とするテレビマンが予想以上に多い。しかしそんなものは後でいくらでも変更できるでしょう。SMILE-UP.の住所でリーダーの岩本照くん、俳優でブレイク中の目黒蓮くん、バラエティ番組から引っ張りだこの向井康二くんたちが個人事務所を設立して初めて、Snow Manは新エージェント会社からは〝離れないんだろうな～〟の判断がつけられます。それまでは何が起こっても不思議じゃありませんよ」（TBSテレビ音楽班スタッフ）

確かに。私も同意見だ。

「個人的に今、TOBEへの合流を期待しているのは、インディーズで細々と音楽活動を続けている長瀬智也くんです。長瀬くんには相変わらず俳優としてのオファーが、あらゆる方面、手段で殺到しているそうですが、本人の音楽指向はもちろんのこと、そのオファーを捌くのを面倒くさがって、頻繁にスマホの番号を変え、そのたびに無料メッセージアプリも入れ替えているとか。長瀬くんがマイペースで音楽活動を行い、かつ俳優としての仕事を支えてくれる事務所があれば、来年の3月末で旧ジャニーズ事務所を退所して丸3年ですから、どこに行こうが文句を言われる筋合いはない」（同TBSテレビ音楽班スタッフ）

しかしそんな長瀬を積極的に勧誘しているのは、実はTOBEではなく〝新しい地図〟らしい。

「長瀬くんが旧ジャニーズ事務所を退所した後、唯一定期的に会っているのが、バイクやギター、ジーンズと同じ趣味を持つ元SMAPの草彅剛くん。草彅くんは長瀬くんが旧ジャニーズ事務所を退所する直前の2020年末に結婚していますが、まだ旧ジャニーズ事務所に在籍中から、ちょくちょく草彅くんと奥様の新居を訪ねているそうです」（ドラマディレクター）

草彅は弟のように可愛がる長瀬に――

『そのうち、ウチの事務所においでよ』

――と、新しい地図入りを勧めているそうだ。

「新しい地図では稲垣吾郎くんが旧ジャニーズ事務所時代には決してオファーを受けなかった〝キワどい系〟の作品で、役者としての幅を大きく広げています。また草彅くんは言わずと知れた『ミッドナイトスワン』（2020年9月公開）で日本アカデミー賞の最優秀主演男優賞を受賞し、今期（2023年10月クール～）の朝ドラ『ブギウギ』に出演中。NHK大河ドラマでも2021年『青天を衝け』で徳川慶喜役を好演しました。そんな草彅くんの活躍を見ていれば、長瀬くんには新しい地図に所属する不安はないはずです」（同ドラマディレクター）

そんな新しい地図ごとCULENに囁かれているのが〝TOBEとの合併説〟だ。

「滝沢氏のスポンサーとCULEN・飯島三智氏のスポンサーが近しい関係らしく、しかも最近の不況も重なり〝合併したほうが合理的〟だと言い出したようです。さらに今では完全に退場してしまいましたが、滝沢氏と飯島氏の〝共通の敵〟は藤島ジュリー景子氏。つまりお互いに〝敵の敵は味方〟なのです。実際、9月2日の旧ジャニーズ事務所会見の後、滝沢氏と飯島氏は一緒に食事をしています」（同前）

飯島氏も2024年2月には66才になるので、後進のことを考えると、ここでTOBEと組めば弱体化している旧ジャニーズ事務所を凌ぐ一大勢力を形成することも可能。

そう考えれば、まったく無い話でもなさそうだし、旧ジャニーズ事務所の〝飯島班〟に所属していたSixTONESなども合流しやすいのではないか？

「（故）ジャニーさんの性加害を旧ジャニーズ事務所が認めた時点で、芸能界の再編が始まっていたのです」（同前）

TOBEと新しい地図の合併——果たしてどうなるのか？

今後の動きに要注目だ。

Number_i 3人の背中を押した滝沢秀明の言葉

エピローグでも少し触れているが、11月16日にオンエアされた『ベストヒット歌謡祭』（読売テレビ／日本テレビ系）に出演した関ジャニ∞、Kis-My-Ft2、なにわ男子の扱いを見ていると、今のテレビ界が旧ジャニーズ事務所の所属アーティストを〝軽く扱っている〟ことは明白だ。

「『ベストヒット』には旧ジャニーズ事務所の所属アーティスト以外にもダンス&ボーカル系グループとしてJO1、INI、Da-iCE、BE:FIRST、FANTASTICS、MAZZELなど他事務所アーティストたちが出演していました。その中で、なにわ男子はSP企画『みんなで踊ろう!デビュー同期3組 夢のコラボメドレー』として、BE:FIRST、INIとのコラボステージに引っ張り出されたのです」（日本テレビスタッフ）

確かに、なにわ男子のCDデビューは2021年11月12日で、BE:FIRSTとINIは2021年11月3日にCDデビュー曲を発売はしている。しかし当然のように3組ともデビューまでの道のりも露出もまったく違うので、〝同期〟で括るのはいかがなものか。

それに旧ジャニーズ事務所における〝同期〟の意味は「デビュー時期が近いから」などの軽いものでもないことは、私よりもファンの皆さんのほうがご存知だろう。

「そのあたりは『ベストヒット』（読売テレビ）の演出サイドも、旧ジャニーズ事務所が弱っている今じゃないと〝こんな企画は（旧）ジャニーズが首を縦に振るわけがない〟ことはわかっていて、確信犯的にオファーを出したのでしょう。当日の番組を見る限り、本人たちも〝楽しそう〟には見えました。それでも、〝もしなにわ男子のポジションが、Number_iやIMP.だったら？TOBEのアーティストだったら？〟……と考えると、滝沢秀明氏の方針（ブランド力）とは真逆の〝テレビ局のオモチャ〟にされたわけですから、マネージメント側として企画にはOKを出さなかったでしょう。それこそが自社アーティストを守り、ブランド力をキープする滝沢秀明氏のやり方だと思います」（同日本テレビスタッフ）

さて、その滝沢秀明氏の〝方針〟といわれる〝ブランド力〟とは何なのか？

これについて日本テレビスタッフ氏は、旧ジャニーズ事務所からTOBEへと籍を移した制作スタッフに話を聞いたと明かす。

「これはNumber_iの3人を実質的にスカウトする際、〝本人たちの背中を押したセリフ〟だと聞きました」（前出日本テレビスタッフ）

滝沢氏曰く――

『ウチはお前たちが誇りにしているプライドとブランド価値を下げるような仕事はさせない。

人はなぜ大金をはたいて〝（某有名ブランド名）〟のバッグを買うのか？

それは〝（某有名ブランド名）〟が発売するバッグのセンス、価値が下がらないと知っているから。

一時的に〝（某有名ブランド）〟のバッグよりも売れる、
人気のあるバッグが他のブランドから発売されるかもしれない。

でもたいがい、そういうバッグの人気はワンシーズンで終わるし、
翌年には〝（某大手ディスカウントショップ）〟のブランドコーナーに並んでる。

お前たちは〝（某有名ブランド）〟なんだよ。

ウチでその価値をもっともっと高めようぜ』

――と。

「あの滝沢氏にこんなセリフを面と向かって言われたら、誰だってついていきたくなりますよ」（同前）

滝沢秀明氏がアーティスト活動からの引退を表明したとき、すでにKing & Princeは
CDデビューを果たしていたので、「どこにTOBEを選ぶほどの接点が？」と少し不思議だったが、平野紫耀、神宮寺勇太、岸優太の3人がTOBEを選んだのは、滝沢秀明氏の熱い言葉、そして旧ジャニーズアイランド社の社長時代、Travis Japanを世界デビューへと導いた実績に惹かれたのだろう。

「まだまだこの先、間違いなく旧ジャニーズ事務所を退所したメンバーが揃うでしょうし、三宅健くんと北山宏光くんは別格として、育成システムが構築された数年後には、〝Number_i〟を頂点とした一大芸能プロダクションに成長している〟――滝沢氏を知るテレビマンたちは、そう信じているのです」（同前）

滝沢秀明氏とNumber_iのタッグならば、決して『夢物語』では終わらないだろう――。

Number_i

Sho Hirano

Yuta Jinguji

Yuta Kishi

NUMBER_I

3rd Chapter

平野紫耀
Sho Hirano

—新たなるステップ—

Number_i

平野紫耀がSNSで見せる〝新たな一面〟

Number_iのメンバーがTOBEに集結し、まず一番最初に変わったのは、SNSに対する取り組み方だろう。

「2023年5月、神宮寺勇太くんとともにKing & Princeから脱退、同時に旧ジャニーズ事務所からも退所した平野紫耀くんですが、その神宮寺くんと7月7日にはYouTube生放送でTOBE入りを発表。個々のファンクラブと個人Instagramアカウントの開設も発表しました。旧ジャニーズ事務所の公式ブログやYouTubeチャンネル以外はSNSにノータッチだった2人ですが、開設から丸4ヵ月の時点で平野くんのフォロワー数が約409万人、神宮寺くんが約205万人もの登録者を数えています。これがどれほど凄いのかというと、旧ジャニーズ事務所に所属するアーティストで個人Instagramアカウントで最も登録者の多い木村拓哉くんの約400万人を平野くんは軽く上回っている。また神宮寺くんの約205万人の登録者も、実質的に旧ジャニーズ事務所個人アカウント2位の目黒蓮くん(約182万人)を上回っています」(フジテレビ関係者)

残念ながら岸優太は11月中旬の時点で個人Ｉｎｓｔａｇｒａｍアカウントを開設してはないが、もし3人が揃った際には、芸能界を動かすだけの影響力を持つことは間違いないだろう。

確かにグループでのＩｎｓｔａｇｒａｍアカウントはＫｉｎｇ ＆ Ｐｒｉｎｃｅが約235万人、Ｓｎｏｗ Ｍａｎが約222万人、ＳｉｘＴＯＮＥＳが約221万人、なにわ男子が約197万人と勢いを誇ってはいるが、それぞれのグループは平野紫耀一人の足下にも及ばないのが〝現実〟だ。

「そんな平野くんのＩｎｓｔａｇｒａｍアカウントですが、開設から4ヵ月間でわずか48の投稿しかしていません。ＳＮＳに慎重になっている証拠ですが、それでも神宮寺くんの36投稿よりは多い。さらにいえば平野くんの投稿は、アーティスティックな一面でも注目されているのです」（同フジテレビ関係者）

開設から1ヵ月目を迎えようとしていた8月初め、平野は人魚のカラーイラストを投稿した。

テキストにはこう添えられている――。

『前にどこかで話したことあったと思うけどタブレットで絵を描く暇つぶしにハマっております
平野紫耀です』

さらに――

『夏っぽいもの描きたいな～と思って、なんか人魚思いついたから描いてた』

――とも綴られていた。

そのイラストは人魚を背面から描いたもので、右肩には月や星のタトゥーを記し、ピンク、グリーン、パープルの背景で3パターンの画像を投稿してくれた。

「細かい縁取りと絶妙なカラーリングのグラデーションは、彼の〝センス〟と〝色彩感覚〟を前面にアピールするものでした。もちろんフォロワーさんたちからの反響も凄まじかった」（同前）

平野紫耀のパブリックイメージといえば、卓越したダンススキルとユニークなトークにフォーカスされることが多かったが、個人Instagramアカウントで見せるアーティスティックな一面に驚かれた人も多かったのではないだろうか。

さらに後には『夏の終わりが寂しくなる前に……』のテキストとともに、自然の1コマを切り取った画像を数点アップ。

そこには夕焼け、モノクロの川、雲など、独特のセンスで夏の匂いを感じさせる写真が並んでいた。

「平野くんは、かつて自宅の一部を公開したバラエティ番組で、部屋では照明を落とし、サングラスをかけて過ごしていることをカミングアウト。さらにココヤシという観葉植物が『**おじさんが埋まっているように見える**』――という理由で〝ハゲ〟と名づけて語りかけていたりと、ひとクセもふたクセもある日常を過ごしているようです」(同前)

そんな〝謎が多い〟平野紫耀が見せてくれたアーティスティックな一面は、まさにInstagramならではの醍醐味ともいえるだろう。そしてファンにとっては、より平野紫耀を知れるツールとして、これ以上のものはないのではないか。

これだけでも旧ジャニーズ事務所から退所し、新たにTOBEで芸能活動をスタートさせた〝意味〟があるように感じる。

「確かに彼が物事をどんな視点で捉えているのか、彼自身の感覚に近づけるのも個人SNSのメリットですからね。イラストや写真、さらには自撮りの投稿は平野くんにしか出せないオリジナルのセンスで溢れていますし、それが今後Number_iの作品にフィードバックされることを期待せざるを得ません」(同前)

平野紫耀Number_iの一挙手一投足には、今後も常に注目が集まり続けるだろう。

ファンにとっては1枚の風景写真からも彼の人柄や〝素顔〟を感じることができる貴重な場(アカウント)であり、今後も変わらず投稿をして欲しいと願うばかり。

自作のイラストや季節写真など、これからどんな投稿が寄せられ、そしてそれが今後の活動にどのように繋がっていくのか。

400万人以上のフォロワーが世界中から注目しているのだ。

インスタライブへのこだわり

平野紫耀は生配信のＩｎｓｔａｇｒａｍ Ｌｉｖｅ（インスタライブ）にも積極的で、同接（同時接続）視聴者数が平均で40万人を超えることも珍しくはない。

「フォロワー数４００万人超の平野くんとはいえど、その１／10の人数が同時に生配信にかじりつきになるのは、他のＩｎｓｔａｇｒａｍアカウントではほとんどあり得ないほどの人気です。また平野くんは8月末頃からしばしばダンス動画を投稿していますが、こちらも常に70万を超える〝いいね！〟がつくので、高い再生回数を誇っているのは間違いありません」（人気放送作家）

さらに平野紫耀ほどの人気配信者にもなると、そのファッションにも大きな注目が集まる。

初回のインスタライブではステージ衣裳並のスーツ姿で登場した平野紫耀が、２回目のインスタライブではキャップをかぶり、黒のＴシャツにパールとゴールドのネックレスを合わせたカジュアルなファッションで登場すると、そのギャップに視聴者は萌えまくった。

さらにカジュアルなファッションで画面に向かって『ヤッホー』などとフランクに話しかけ、視聴者からのコメントを拾い上げながら――

『仕事終わり（で見てくれているの）？』
『（配信を）まったりやろうかな』

――と自然体でリアクションしながら、ときおり伸びをするかのように両腕を上げてみせると、そこには逞しすぎるほどの上腕二頭筋がクッキリと現れる。

ここで胸が高鳴らない視聴者はいなかったのではないか？

「さらに〝ゲスト〟として俳優の横浜流星くんが参加すると、同接視聴者は50万人を突破。姿は映らなかったものの三宅健くんが配信の様子を見にきたり、また初回のインスタライブで電話がかかってきた〝謎の親友〟がSixTONES・森本慎太郎くんであったことが明かされると、形の上では〝辞めジャニ〟の平野くんと現役（旧）ジャニーズの森本くんが平気で絡んだことに、ギョーカイからも驚きの声が上がりました」（同前）

電話とはいえ、生配信での絡みは旧ジャニーズ事務所内でも話題になったようで、この日の生配信では当の森本慎太郎から――

『怒られるわけないでしょうに』

――と、気遣ったメールが届いたことも明かされた。

「森本くんは平野くんのインスタライブよりも先に、自らのラジオ番組で『**紫耀のインスタライブに電話をかけた**』――とカミングアウト。それまでの旧ジャニーズ事務所の体質を知るファンほど〝そんなことをして大丈夫なの?〟と心配するのは当たり前ですから、平野くんも森本くんも、そのやり取りはお互いのファンに向けたメッセージでしょう。それと同時に〝既成事実〟を作ったことで、これからも絡みやすくなった。平野くんは一部から〝(旧ジャニーズの)裏切り者〟のように見られることもありますが、内部のタレント同士の交流は変わらない。ファンにとっては何よりも嬉しい事実です」(同前)

それは、ベースに10年以上にも及ぶ平野紫耀と森本慎太郎の関係性があったからだ。

彼らが築き上げた信頼関係、絆はそう簡単に崩れるものではないのだ。

平野紫耀の〝ダンス愛〟

先ほど平野紫耀のＩｎｓｔａｇｒａｍアカウントに投稿されたダンス動画について少し触れたが、アカウント開設から11月中旬までの約４ヵ月間に投稿されたダンス動画はコラボレーションを含めて５本、投稿につけられた〝いいね！〟の数は約１２５万３千いいね！に始まり、約84万３千いいね！、約79万1千いいね！、約66万６千いいね！、約77万５千いいね！……と続き、合計で約４２３万８千いいね！がついている。

「後半の約66万６千いいね！、約77万５千いいね！と少し伸びが鈍化している動画は、いずれも女性ダンサー（振付師）とのコラボレーション動画なので、ファンの皆さんにしてみれば〝動画は再生するけど、いいね！はつけたくない〟心境だったのでしょう。それほど際どい絡みがあるわけではありませんが、同じ画面に異性がいれば嫉妬するのも当たり前です」（日本テレビディレクター）

ちなみに11月中旬の時点で、最後のダンス動画投稿から約１ヵ月半が経過。これも異性とのコラボが影響しているのかもしれない。

また先ほどご紹介したインスタライブもアーカイブとして残されているが、こちらのいいね！は約68万8千。インスタライブには同接でコメントやいいね！がつけられたにせよ、〝平野紫耀＝ダンス〟の需要の多さを物語っている。

「最初に投稿し、『たのち～』という独特のテキストがつけられたソロダンスの動画には、1本目ということもあってか約125万3千いいね！、コメントも約5万4千件が寄せられました。Don Toliverの『Go Down(feat. TisaKorean)』に乗せて踊る動画では、広いレッスンスタジオに登場した平野くんが、キャップをかぶり、スウェットにスニーカーというラフなスタイルで、まるでウォーミングアップをするかのようにリズムを確かめながら、緩やかに前後にステップを踏むところからスタート。緩急をつけた素早い動き、スピーディーさの中に美しい指先つま先までの細やかさ、わずかなタイミングで挟み込むブレイクなどのテクニックで、見る者を翻弄するダンスを披露してくれました」（同日本テレビディレクター）

ダンスプラクティス（練習）であるかのようなラフなスタイルは、またカチッとしたジャケットスタイルで踊るクールなダンスとは別の開放的な魅力がある。

「同じレッスンスタジオでダンサーのATSUSHIさんとコラボした動画では、途中で振りを間違えたときの照れ笑いがいかにも自然で、自由に楽しんでいるように見えました。こうした平野くんの素顔が見られるのも、TOBEに合流したからこそ。旧ジャニーズアイランド社の社長時代からSNSに積極的だった滝沢秀明氏のおかげでもあります。平野くんのダンスからは、ソロでもコラボでもダンスを心底楽しんでいる〝ダンス愛〟が、動画を通して伝わってきます。細かなダンススキルのみに走らず、コラボ動画では〝一緒に楽しむ〟ことをモットーにしているようにも見える。さらにはちゃんとダンススキルにもこだわっているので、Number_i の3人がKing & Princeを脱退したときの〝世界を目指す。挑戦する〟姿勢には、まったくブレのない強い意志も感じさせてくれます」(同前)

実は平野紫耀は、旧ジャニーズ事務所から退所する直前、こんな本音を明かしていた——。

『Travis Japanがずっとやってたアレあるじゃん?
実は何度か「踊りたい」「出てみたい」って話したこともあるんだけどね。
(髙橋) 海人みたいな〝振付〟担当じゃなくて。
ゴリゴリに踊ってみたかった』〈平野紫耀〉

これはTravis Japanが旧ジャニーズJr.時代に始めた（2021年9月）YouTube公式チャンネル『+81 DANCE STUDIO』のこと。

Travis Japanのデビュー後は旧ジャニーズJr.が〝シーズン2〟として受け継いだが、2023年4月3日を最後に新しい動画は投稿されていない。

ちなみにIMP.は積極的に自身のYouTube公式チャンネルにダンス動画（ショート動画含む）を投稿している。

平野紫耀は『+81 DANCE STUDIO』シリーズが大好きだったと明かす。

「あのシリーズを始めたのは当然のように滝沢氏ですから、平野くんたち現Number_iのメンバーがTOBE入りを決めたのは、滝沢氏の企画力や行動力に魅力を感じたことも一因ではないでしょうか」（同前）

Number_iが本格的に動き出すステップは、やはりダンスから踏み出す可能性が高そうだ。

平野紫耀が見せる〝ワイルドな姿〟

この（2023年）9月末、Ｉｎｓｔａｇｒａｍライブのゲリラ配信に登場した平野紫耀は、その最中に披露したスマホ写真でファンや視聴者を驚かせた。

「事前予告なしで自宅からのゲリラ配信を行った平野くんでしたが、ファンの皆さんも平野くんの自宅が見られた喜びの前に、スマホに保存されていたロン毛と無精ヒゲの自撮りショットに驚かされたようで、だいたいの方は〝ワイルドでカッコいい〟の反応でしたが、いかにも〝言わされている〟感満載のコメントが並び、本音は〝清潔なほうが似合う〟だったようですね」（テレビ朝日スタッフ）

この日のゲリラ配信でファンのコメントを拾っていた平野紫耀が、その中からなぜか「脱毛したことある?」のコメントに引っかかり——

『一度だけヒゲを脱毛したことがある。
でも脱毛したのに、ちょっと濃くなった気がするんだよね』

——とリアクション。

さらにそこに——

『ヒゲ剃るのって、本当面倒くさいのよ。
嫌いなの、ヒゲ剃る時間』

——と被せると、当然ファンからのコメントも〝ヒゲ〟に関するもの一色になった。

「これもありがちですが、そこまでリアクションしたら、ファンからは〝ヒゲ似合いそう〟のコメントが集まりますよね。すると平野くんは『ヒゲ生えてる写真あるよ、俺』と返しながら、流れ的には『でも見せんのはやめよう。ちょっとヤバそうだし』などともったいぶる展開へ。そして『そんなに見たい？　ヒゲ生えてる俺。別に普通だよ。見せてもいいけど、どうってことないよ』――とコメントしながらスマホを取り出し、フォルダの自撮りショットを公開したのです」（同テレビ朝日スタッフ）

襟足が肩まで伸びたロン毛、口まわりと顎にヒゲが生えている自撮り写真は、テレビや雑誌ではお目にかかれない貴重な姿だったのではないか。

「最近でいえば、ちょくちょく流れてくる長瀬智也くんの近影の雰囲気でしたね。あの長瀬くんも今や45才ですから、2024年1月29日に27才になる平野くんと比べると、ずいぶんとオジさんになってしまいましたが」（同前）

平野紫耀のゲリラ配信が始まった直後には、X（旧Twitter）では「#平野紫耀」「インスタライブ」がすぐにトレンド入り。ロン毛と無精ヒゲの自撮り写真については、Xでも「ワイルド」「ギャップやばい」「ヒゲの破壊力」「めちゃくちゃ似合ってる」「想像を超えた」「1番見てみたかった」などのポスト（旧ツイート）が投稿されていた。

そんな平野紫耀は神宮寺勇太、岸優太の3人と、Number_iで11月15日発売の某ファッション誌の表紙を務めたのだが、なぜかこちらは「写真が盛れてなさすぎる」と、好ましくない評判が溢れてしまった。

「おそらくは表紙カメラマンや表紙担当（出版社）スタッフの指示だと思いますが、気だるそうな表情を作っているといえば聞こえはいいのですが、一部には〝ただ写りが悪いだけなのでは？〟と、さんざんな評判で溢れてしまった平野くんのルックスに、旧ジャニーズ時代に見せていた〝王者の覇気やオーラが消え失せた〟と、叩かれまくってしまったのです」（同前）

そういえば〝ジャニーズ〟の冠をすべて抹消した際、ジャニオタからは「これで〝ジャニーズ〟のワードマジックも消える。キラキラ感がなくなる」などと反対する声が相次いでいたが、実際にここ数年で旧ジャニーズ事務所を退所したタレント、特に手越祐也、錦戸亮、渋谷すばるなど……がアッという間に年相応、〝アラフォーおじさんのルックス〟になってしまったところを見ると、今後は旧ジャニーズ事務所から退所したアーティスト、新エージェント会社に残留したアーティストともに心配でならない。

「この先、平野くんたちNumber_iのメンバーが〝キラキラ〟オーラを取り戻し、それをキープしていけるかどうかはTOBEの戦略にかかっている。今のところ三宅健くんを頂点にした13人のTOBEアーティストに関しては、さほど心配はしていません。Number_iも今回の表紙が特別で、その他の仕事は輝きを放っているのですから」（同前）

心配無用。

新たなステップを踏み出したNumber_i、そして平野紫耀は、これからさらに輝きを増して、私たちを魅了してくれるに違いないのだから――。

目黒蓮とNumber_i〝不仲説〟の真相

昨年あたりから旧ジャニーズ事務所の〝一番人気〟と認められている某タレントと平野紫耀の関係を、ここに来て〝確執〟と報じるマスコミが増えている。

そのきっかけは『第74回NHK紅白歌合戦』からの〝旧ジャニーズ締め出し〟にあるとされているが、もしそうであるとするならば、明らかに〝言いがかり〟以外の何ものでもないだろう。

最近は文春砲の陰に隠れて大人しく(?)していた夕刊紙の東スポ(東海地区は中スポ、関西地区は大スポ、九州地区は九スポなど)が、Web版の東スポWebに久々の〝飛ばし記事〟を掲載した。

「第74回NHK紅白歌合戦から旧ジャニーズ事務所が締め出されたことについて、東スポWeb版はSnow Man・目黒蓮くんのInstagram(ストーリー)投稿を無理矢理に関連づけ、目黒くんの投稿を【NHKと完全絶縁か Snow Man 目黒蓮は物議醸す〝挑発投稿〟】との見出しで、紅白から旧ジャニーズを排除したNHKに【〝ケンカを売った〟と捉えられても仕方がない】とする記事を配信したのです」(フリーディレクター)

その目黒の投稿とは、紅白出場歌手が発表された11月13日の2日前、目黒個人のInstagramではなくSnow ManのグループInstagramとX（旧ツイッター）で発表された『Snow Man Special Live〜みんなと楽しむ大晦日!〜』YouTubeライブ配信の告知。

「目黒くんはライブ配信のタイトルと日程（大晦日）の他に『（メンバー）9人とみんなで最高の大晦日にしようね！　絶対後悔させないよ　俺らを正解にする』――とのメッセージも投稿しているのですが、この『俺らを正解にする』――の部分を切り取り、東スポWebは〝俺らを正解にするとの強めの物言いは俺らの比較対象とする相手に向けた言い方で、タイミング的にNHKへの訣別宣言に捉えられてもおかしくありません〟としたのです」（同フリーディレクター）

確かに今回、紅白歌合戦の出場歌手から締め出されたことで、旧ジャニーズ事務所の所属歌手は44年ぶりに紅白出場が叶わなかったことになる。

44年前は1979年で、あの田原俊彦と近藤真彦がレコードデビューを果たす前年。1980年には田原俊彦（1980年6月デビュー）が、1981年には近藤真彦（1980年12月デビュー）が主要賞レースの最優秀新人賞を独占するのだから、たのきんフィーバーの前年は旧ジャニーズ事務所の勢いも沈下していたということか。

さて話を元に戻すと、その44年ぶりに〝紅白歌合戦不出場〟となった旧ジャニーズ事務所勢だが、CDの売上や一般人気を加味し、「少なくともSnow Manだけは選出されるのではないか？　今、日本で最もCDを売り上げるグループなのだから」の声が上がっていたのも事実。メンバーの耳にもそんな風評は届いていただろうし、少なからず期待もしていただろう。

しかしYouTubeの生配信も「〝はい、やります。やらせます〟……的に、簡単に枠が取れるわけでもない」（現役YouTuber）とのことで、しかも大晦日の生配信ともなると、さらに枠を取るのが難しい状況となるのは必至。

「少なくとも10月に入ってすぐに準備していて、NHKが〝旧ジャニーズを出す気がない〟と裏で通告したのでは？　そのぐらいの背景がないと、出場歌手発表の2日前に正式発表はしない。しかも生配信ライブのスタートが紅白歌合戦の真裏にあたる19時スタートに設定したのですから」（同前）

そんな物議を醸した目黒蓮の投稿だが、投稿から1週間経っても本人から弁明の声が上がらないことで、NHKからとんでもない方向に事態が飛び火し始めた。

なんと目黒蓮が何も語らないのは、この投稿で〝糾弾〟したかったのはNHKではなく、〝平野紫耀らNumber_iの3人なのでは？〟——という見方だ。

「旧ジャニーズ事務所の所属タレントのレギュラー番組を担当する放送作家は、〝新エージェント会社の設立直前にSnow Manの佐久間大介、渡辺翔太、その後阿部亮平までもが立て続けに旧ジャニーズ事務所本社ビルの住所で個人事務所を立ち上げ、少なくともSnow Manは残留の意思を示したことで、目黒くんが言う「俺ら」が旧ジャニーズ事務所残留組を指すという見方が広まっています。そうなると自ずと退社を選んだ辞めジャニが糾弾の対象になる〟――と話してくれました。そもそも目黒くんは特定の対象に向けて放った言葉ではないと思いますが、Number_iの3人は故ジャニー喜多川氏の性加害問題が表面化する前に退所、あるいは退所予定を発表しているので、とばっちりもいいところ。(事実上)新エージェント会社を嫌って退所したのが岡田准一くん、二宮和也くん、生田斗真くんと先輩ばかりですから、平野紫耀くん、神宮寺勇太くん、岸優太くんをターゲットにしたほうが〝報じやすい〟のでしょう」(同前)

今後も役者活動を続けていきたい目黒蓮が、旧ジャニーズ事務所を代表する演技派の先輩たちに刃向かう図式よりも、同年代Number_iを敵視したほうが〝面白い〟と言いたいようだ。

「そこには紅白落選の数日後にアップされた、目黒くんとKAT-TUN・亀梨和也くんのおもてなし動画が関係しているようです」(同前)

亀梨和也のYouTubeチャンネルにゲストとして目黒蓮が登場した動画の中で、亀梨がKing & Princeの5人体制最後の生放送に立ち会ったときのエピソードが紹介される。

目黒をもてなす料理を亀梨が作りながらトークをしていく構成で、2023年8月に行われた旧ジャニーズJr.コンサート『ALL Johnnys' Jr. 2023 わっしょいCAMP! in Dome』の演出を亀梨が手掛けたことが話題に上がると、亀梨自身の後輩との向き合い方についてトークが展開。

目黒は亀梨がSnow Manのライブに訪れた際、バックダンサーとして出演していた旧ジャニーズJr.のメンバーに話を聞いていた姿が印象的だったと告白。

すると亀梨はそれに関連して、Number_iの平野紫耀、神宮寺勇太、岸優太がKing & Princeを脱退する最後の活動の後に会っていたことを打ち明け――

『2時間近くめちゃくちゃいろんなこと話した』

――と、5人と話し合ったことを振り返り、嬉しそうにこう語ったのだ。

『平野紫耀から後輩に対するいろんな想いが聞けた』

「その話を聞かされたときの目黒くんの表情が微妙というか、ハッキリ言って〝面白くない〟顔をしていたというのです。しかも平野くんから真剣な想いを打ち明けられたことで、亀梨くんは『(旧) Jr.のライブにも責任を持って取りかかんなきゃいけない責任感が芽生えた。俺がそういう熱量で、本気で向き合わないといけない仕事だと思った』——と、まるで平野くんのおかげで〝目が覚めた〟とでも言いたげに語った。そりゃあ目の前の目黒くんは、内心『(今ここにいるのは俺なんだけど)』……と面白くなかったでしょうし、顔色に表れても不思議ではありません。しかしそれとInstagramのセリフを結びつけるのは乱暴すぎます」(同前)

これから新たなステップを踏み出そうとするNumber_iには、そんな邪推は迷惑でしかない。

外野からの雑音など気にせず、彼ら3人にはNumber_iが目指す頂点に向かって、信じる道を突き進んでいって欲しい。

〝平野紫耀と永瀬廉の確執〟——噂の真相

岸優太がジャニーズ事務所を退所する直前、永瀬廉がパーソナリティを務めるラジオ番組『永瀬廉のRadioGARDEN』(文化放送)に髙橋海人とともにゲスト出演し、かつてKing＆Princeのメンバー5人で開いた岸優太の誕生日(1995年9月29日生まれ)パーティーの際、酔い潰れた髙橋を他のメンバー4人がお店に置いて帰ったエピソードを振り返って盛り上がるシーンがあった。

「普段は(乾杯で)グラスに口をつける程度でお酒を飲まない平野くんのことを『**一番怖いの紫耀じゃない? 酔ってないシラフの状態で俺を平気で置いていくんだよ**』——と海人くんはツッコんで、岸くんも永瀬くんも大笑いしていました」(人気放送作家)

平野紫耀は後にＩｎｓｔａｇｒａｍの生配信でファンからコメントで質問されると、思い出したかのように『そのときはたぶん置いて帰った』と話し、さらに――

『でも俺、超優しいよ。
海人と共通の知り合いの人がいるんだけど、その人の誕生日で家に行った海人が夜中に酔い潰れて、俺も次の日仕事があるのに〝迎えにきてくれない？〟って連絡が来たから、ベロベロでドロドロの海人を車に乗せて、担いで家まで送ってあげたんだよ、夜中に。めちゃめちゃ優しいんだよ』

――と、お返しとばかりに、高橋海人とのエピソードを暴露していた。
話題の岸優太の誕生日についても――

『岸くん、バースデーハットを被ってた』

――と、こちらも意外にダサい一面を暴露。

シラフでも髙橋海人を置いて帰ったことについて平野は――

『関係ないでしょ！
飲むなら飲まれるなって。
あいつが勝手に飲まれたから置いて帰った』

――と正論をかまし、先ほどの車で迎えに行ったエピソードを持ちだして、

『別日に俺1人で救いに行ってるからね。
それならみんなのほうが置いてってるじゃん』

――と、逆にツッコミを入れていた。

「このエピソードの応酬、きっかけが永瀬くんのラジオだったことで、ファンの多くが〝平野紫耀くんと永瀬廉くんの間に確執がある噂は嘘だったんだ〟と、胸を撫で下ろしたと聞いています」（前出人気放送作家）

平野紫耀と永瀬廉との間の確執とは、永瀬廉が旧ジャニーズ事務所社長時代の藤島ジュリー景子氏のスペオキで、週に一度は銀座の超高級ステーキ店で会食するほどの関係だったことに対する平野紫耀の一種の〝嫉妬〟だというのだが、こうしてお互いが同席した席でのエピソードに触れたことで、確執は氷解しているに違いない――という期待だ。

そんな期待を裏切るかのように、内情に詳しい人気放送作家氏が真相を打ち明ける。

「残念ながら2人の確執はまったく氷解などしていませんし、この先も相当おじさんになるまで氷解しないでしょう。ただし確執の原因は、永瀬くんとジュリーさんの会食などではありませんよ」

原因は永瀬廉と藤島ジュリー氏の会食ではないという。

「確かにテレビ界でも〝ジュリーさんの三大スペオキ〟として永瀬くん、なにわ男子の西畑大吾くん、Aぇ！groupの正門良規くんという同期トリオ（2011年4月3日オーディション組）が有名ですが、平野くんにしても神宮寺くんにしても岸くんにしても、旧ジャニーズ事務所を退所した3人ともジュリーさんとは何回も会食しています。というかジュリーさんは主婦であり母親ではありますが、一年365日のうち360日は外食といわれるほどのグルメ。タレントだけではなく、誰かしら関係者と会食していますよ」（同人気放送作家）

藤島ジュリー景子氏が原因ではないのなら、何が確執の原因なのか？

「それはもう、完全に〝パフォーマンスについての考え方の違い〟ですね。平野くんはダンスパフォーマンスに対するこだわりが誰よりも強く、それは大いに結構ではあるのですが、自分と同じストイックさをメンバーにも求めるタイプだった。対して永瀬くんはある一定のレベルの高さは必要だけど、自分たちはアイドルでありタレントでもあるのだから、ダンスパフォーマンスばかりにストイックさを求めるべきではなくバランスを重視する考え方。2人のどちらかの意見が正しく、どちらかが間違っているといった話ではなく、本当に単純に〝方向性の違い〟です」（同前）

確かに、これは完全に2人のパフォーマンスに対する〝方向性の違い〟としか言いようがない。

「でも旧関西ジャニーズJr.時代から10年以上の仲間でもあるのだから、会えば笑って話せる間柄のまま。2人になったK i n g & P r i n c eも大変でしょうが、これからはお互いに堂々とライバル視しながら競い合えるのは、ある意味では理想の関係ともいえます。Number_iはK i n g & P r i n c eに負けないように。K i n g & P r i n c eはNumber_iに負けなように。ここまで相手の姿形がハッキリと見えるライバル関係は、これまでの芸能史にもなかなかいないでしょう」(同前)

Number_iと平野紫耀は新たなステップを踏み出すとともに、古巣であるK i n g & P r i n c eと〝新たなライバル関係〟を構築しようとしているのだ。

平野紫耀が踏み出す〝新たなステップ〟

平野紫耀が単独で表紙を飾った『ELLE Japon』（2023年11月号 特別版）が、期待以上の大反響を呼んだという。

「詳細な売上部数は発表されていませんが、発売10日前に表紙が公開されてネット予約が開始されると、出版元ECサイトのサーバーがアッという間にダウンしてしまいました。他のネットショップでも発売開始数分で予約予定部数が終了。当然のように発売前重版が決定したものの、発売当日は早朝から書店前に行列ができたため、都内の一部書店では抽選販売を行わざるを得なかったと聞いています。またあまり好ましい状況とはいえませんが、メルカリやヤフオクでも高値で転売されていたと聞いています」（アイドル誌ライター）

さすが平野紫耀の人気ぶりが窺えるエピソードで、ファンもそれだけ平野紫耀の登場を待ち望んでいたということだろう。

また発売当日からELLE JapanオフィシャルYouTubeチャンネルでは『平野紫耀の挑戦！まだ見ぬ世界へ旅立つ』と題し、特別版本誌にも掲載されたLOUIS VUITTON・FALLコレクションアイテムをまとった動画を公開。

この手のファッション動画には珍しく、わずか1週間で100万回再生を軽々と突破。X（旧Twitter）にはファン有志による「#祝ELLEJapan_100万回」のハッシュタグが躍った。

「動画では深紅の空間に平野くんが登場し、淡いキャメルのジャケットをひらりと広げ、内側の「LV」アイコンを強調します。モノグラムデニムジャケットという難しいアイテムもさらりと着こなし、前髪の隙間から覗く瞳からは、どこで身につけたのか大人の色気がダダ漏れでした。派手なカラーやロゴに負けることなく美しく着こなす姿もあれば、ブルゾンにビーニーを合わせた平野くんらしいブラックコーデも披露。ドラマチックな約30秒間の動画は、終始ミステリアスなムードに包まれていました」（同アイドル誌ライター）

デビュー前の旧関西ジャニーズJr.時代から大きな注目を集め続けてきた平野紫耀は、良くも悪くもその言動が大きなニュースとなって世間に影響を与える存在。

2022年11月にKing & Princeから突然の脱退と旧ジャニーズ事務所退所を発表し、2023年7月7日から新たなステップを踏み出す転機を迎えた平野は、傍から見れば〝激動の選択〟にも思えるこの1年だったが、TOBE加入とともに始めたInstagramでのファンとの交流、公開されたダンス動画は平野紫耀の人柄が変わらず健在であることをアピール。

その中でKing & Prince時代よりも一層の覚悟が伝わってくるのは、やはり踏み出したステップが〝戦闘モード〟とでもいうべき気合いに満ち溢れているからだろう。

誰もが新たなステップを踏み出す際、失敗を恐れて慎重という名の〝臆病な自分〟を内面に自覚するものだが、平野紫耀にはそれが見受けられない。

その理由を平野自身、こんな言葉で語ってくれている――。

『自分たちの選択、
これからの行動や活動で、
ファンを勇気づけるような姿を見せていきたいし、
見せなければならない。
それは俺一人じゃなく、ジンや岸さんとの共通認識。
Number_iは常に同じ方向を向いている』〈平野紫耀〉

――と。

「平野くんの言葉がファンに刺さるのは、彼の言葉を受けたファン（側）に、アーティストとしての平野くんを応援しつつ、そんな平野くんに恥じないように、自分自身も新たなステップを踏み出さねばと思わせてくれるからです。彼の言葉は人に勇気を与えるので、自然と体と意識が動かされる」
（前出アイドル誌ライター）

『ファンのみんなも、
結局最後は自分自身で決断しなきゃいけないんだけど、
Number_i はその決断の背中を押せるような、
そんな力になる活動をみんなに見せつけていきたいと強く思ってるんだよね。
俺たちNumber_i の決断が正しかったことを証明してみせるためにも、さ』

そう語った平野紫耀。

新たなステップを踏み出したNumber_i、そして平野紫耀を信じること、それこそがファンにできる最高の応援ではないだろうか。

平野紫耀 フレーズ

『やりたいと思えば挑戦すればいい。
愛知出身の俺は、
同じ愛知のヒーロー、イチローさんのスタンスを、
どこかで意識してしまう』

平野紫耀が少年時代、愛知県出身者を代表する〝ヒーロー〟といえばメジャーリーガーのイチロー選手こそが絶対的なヒーローだった。ヒーローのセリフ「やりたいと思えば挑戦すればいい」――は、平野紫耀の生き方にも影響を及ぼす。

『失敗したとき俺は――
「俺の中にこそ失敗した原因があるんだ」――って振り返ってみる。
そうして〝経験〟が増えていく』

失敗や不都合があると、人はその原因を他人や環境に求めてしまいがちになる。しかしそこで立ち止まって考えてみると、向き合うべき相手は自分であることが多く、同時に自分を見つめ直す重要性にも気づかさせてくれる。自分自身に向き合うことで、平野紫耀のように経験を増やせるのだ。

『もし偉い人に、
内心「（理不尽だな～）」と思いつつ怒られているときは、
「すいません」と謝る前に、
「ご指導ありがとうございます」と言ってみる。
そうしたらほぼ100%、それ以上は怒られない（笑）』

これは理不尽に怒る大人を黙らせる超効果的なテクニック。下手に
「すいません」などと謝ると、相手はさらに調子に乗って怒りを
ぶつけてくるもの。

『いきなり「フルマラソンを走りなさい」って言われたら、
「42.195kmも無理だよ」って思うけど、
「100km走りなさい」って言われたら、
半分も行かないうちに42.195kmすぎてんだよね。
これって"目標の置き方で意識を変えられる"って話』

最初から設定されるゴールよりも、その先を目指したほうが楽にクリアすることができる。目標の置き方こそが新しい意識を作るのだ。

『もしかしたらわかってもらえないかもしれないけど、
これまでずっとファンのみんなやメンバー、
家族、友だち、スタッフのために頑張ってきたからこそ、
今後はそこに〝自分のため〟を加えたい気持ちが強い』

しんどいときは手を抜いてもいいし、まわりに助けを求めてもいい。大切なのは何でもかんでも〝背負いすぎない〟ことじゃないだろうか。

『俺の価値がどこにあるのかは、
ファンのみんなが決めてくれればいいんだけど、
その価値を最大限に発揮することは俺の責任。
そのためには〝頑張りすぎない〟ことも大切』

平野紫耀に限らず、個々の人間の〝価値〟はどこにあるのだろう？

その価値を発揮することは本人の役目であることに間違いはないが、それだけを目標にする人間からは〝余裕〟や〝遊び〟が消え失せ、同時に人としての魅力も薄れてしまうのではないか。

平野紫耀が言うように「自分の価値を最大限に発揮するためには頑張りすぎない」ことも大切なのだ。

『どんなに小さなことでもいいからナンバーワンを目指すのが、
俺たちNumber_iのポリシー。
その積み重ねの先に、
〝真のナンバーワン〟の座が待っているから』

結局、大きな意味での〝ナンバーワン〟は、小さい〝ナンバーワン〟の積み重ねなのだ。すべてにおいて〝ナンバーワン〟を目指す気持ちこそが強いモチベーションに繋がる。そしてNumber_i 3人が目指すのは〝真のナンバーワン〟の座だ――。

4th Chapter

神宮寺勇太
Yuta Jinguji

—新たなるステップ—

Number_i

神宮寺勇太が実感する〝Number_iとして踏み出した〟新たなステップ

「実質Number_iとしての初仕事じゃないですかね? 撮影時期を考えるとNumber_iの結成が発表された直後でしょうし」(ファッション誌デスク)

この(2023年)11月中旬、Number_iの3人がイヴ・サンローラン・フレグランス(香水やソープなど香り系商品全般)の世界観を表現したビジュアルや動画が、ファッション誌『VOGUE JAPAN』公式ウェブサイトで公開され、SNSを中心に話題が広がった。

これは『VOGUE JAPAN』とイヴ・サンローランの新しいフレグランス〝LIBRE(リブレ)〟がタイアップしたコンテンツ。LIBREはフランス語で、英語でいえば「LIBERTY」。〝自由〟という意味で、3人は〝大人のフレグランス〟をイメージさせる、黒を基調としたシックな装いでポーズを決めたビジュアルがお披露目された。

フレグランス〝LIBRE〟の世界観を表現した、約60秒のPR動画にも出演しているNumber_i。

『昔から「いつか、フレグランスのお仕事をさせていただけないかな〜」って、
〝憧れ〟はあったんだよね。
あくまでも〝憧れ〟ね（笑）。
だって〝香り〟って、いかにも大人の仕事じゃないですか？
女性の場合は若々しいフレグランスもあって、
20代の女優さんやタレントさんがイメージキャラクターをやっても違和感ないけど、
男性キャラクターはもう少し年上というか、
（旧）ジャニーズの先輩でいえば木村拓哉さんとか亀梨和也くん、
俳優さんでいえば竹野内豊さんとか阿部寛さんとか。
……あっ、三宅健くんと北山宏光くんも忘れちゃいけないけど。
皆さん大人の色気に溢れる方々』〈神宮寺勇太〉

この（2023年）10月30日に26才の誕生日を迎えた神宮寺勇太も立派に大人だが、本人のイメージでは違うようだ。

『フレグランスに関わらせてもらうには、まだまだ子ども』

——らしい。

イヴ・サンローラン・フレグランス〝LIBRE〟が発信するメッセージは、

『自由、フリーダム。それは心が躍る響き。

世界にはまだ見ぬ景色が広がっている。

僕はそれを知りたい。

自由には無限の可能性がある。

そこには妥協も矛盾も存在しない。

自分自身の直感を信じて、迷うことなく選んだ道が正解になるように。

飾らず素直に、自分らしく。僕は自由に新たな物語を綴る』

——というもので、特にNumber_iには『自分自身の直感を信じて、迷うことなく選んだ道が正解になるように。飾らず素直に、自分らしく。僕は自由に新たな物語を綴る』の部分がしっくり来る。

11月20日の朝にコンテンツが公開されると、SNSを中心に話題が広がり、「色気ダダ漏れ」「黒も似合う」とファンのみならず歓喜する声が続出。

さらに動画で発信されたメッセージは、ファンの間でも「Number_iのスタートにぴったりの言葉」「〝自由〟という香水を表現した世界観にマッチしている」という意見も挙がっていた。

また同日から発売された香水を購入できるショップには、平日にも関わらず開店前に100人以上の行列ができたという。さらに2日目は300人ほどの行列からスタートし、その後も入店まで3～4時間待ちの状態が続いたそうだ。

「表参道ヒルズのイヴ・サンローランでは、11月26日までL-BREシリーズのポップアップスタンド〝YSL L-BRE STAND〟を開催し、メンバーがそれぞれの香水をまとったことにちなんで、ファンはリブレ オーデパルファムを〝平野紫耀の香り〟、リブレ オーデパルファム アンタンスを〝神宮寺勇太の香り〟、リブレオーデトワレを〝岸優太の香り〟と呼んでいるそうです」（前出ファッション誌デスク）

『正直言うとさ、そこまで自信はなかったんだよね。
自分たちが新しいフレグランスの世界観を表現できるかどうか。
でもお話をいただいてすぐに3人で話し合って、
特定のお仕事、しかも新しいお仕事について、
3人でマジに話し合う機会ってしばらくなかったから、
懐かしい感覚じゃないけど、「ああ、こういうのってやっぱいいなぁ〜」って実感したし、
「思い切ってNumber_iとして新たなステップを踏み出して本当によかったなぁ〜」って、
つくづく感じたよ。
これからも俺たちはあらゆるお仕事にチャレンジして、皆さんをいい意味で裏切りたい。
「えぇ!? Number_iってこんなこともできるの?」――と』〈神宮寺勇太〉

King & Prince時代から応援しているファンの皆さんの中には、永瀬廉と髙橋海人のことを考えると素直に喜べない方もいるかもしれない。

しかしもう、本人たちは未来への希望しか感じていないのだ。

ファンの皆さんもNumber_iとともに、新たなステップを踏み出そうではないか――。

神宮寺勇太の〝新しい夢〟

神宮寺勇太のファッションアイテムとして知られるのが〝デニム〟だ。特にヴィンテージデニム（ジーンズ）には『目がない』というが、旧ジャニーズ事務所所属タレントの代名詞ともいわれる〝ベストジーニスト賞〟には、今のところ縁がない。

『こればっかりは自分が欲しいからもらえるもんじゃないしね。
でも昔は5回選ばれたら殿堂入りが決まって、
木村拓哉さんと草彅剛さん、亀梨和也くんが殿堂入りしたけど、
今は（2013年より規定変更）3回で殿堂入りなんでしょ？
一昨年、（永瀬）廉に先を越されて悔しかったけど、
廉もまだ1回だし、殿堂入りは俺が先になる可能性もあるよね（笑）』〈神宮寺勇太〉

確かにその言葉通り、木村拓哉は1994年の第11回ベストジーニスト賞から1998年の第15回ベストジーニスト賞まで、翌1999年の第16回から2003年の第20回までは草彅剛が受賞したことで2人とも殿堂入りを果たす。

実は木村拓哉が受賞する以前の旧ジャニーズ事務所（元も含む）所属タレントたちは、第1回（1984年）郷ひろみ、第3回（1986年）田原俊彦、第5回（1988年）東山紀之の3人しか受賞していない。

草彅剛が殿堂入りを果たした翌年、2004年以降は堂本剛（2004年）、亀梨和也（2006年～2010年　殿堂入り）、相葉雅紀（2011年～2013年　※この年に規定の変更で殿堂入り）、藤ヶ谷太輔（2014年～2016年　殿堂入り）、中島裕翔（2017年～2019年　殿堂入り）で、永瀬廉は2021年に受賞したものの、2022年～2023年は俳優の菅田将暉に連続受賞を許している。この勢いならば2024年も菅田将暉が受賞して殿堂入りを果たしそうだが、神宮寺勇太も2025年からに照準を合わせれば殿堂入りで永瀬廉を追い抜くことも不可能ではない。

『まあ、別にベストジーニスト賞が欲しいからヴィンテージデニムを愛しているわけじゃないから、そこまで意識はしてないんだけどね（笑）。
でも個人的に芽生えた新たな夢の一つが、
「〝神宮寺勇太デニムコレクション〟を発売してみたい」——ってこと。
単なるコラボとかじゃなく、デニム生地や縫製にも一からこだわりたい。
実は少し前にライフスタイル誌でデニム特集をやらせていただいて、
そのときの感動というか手応えが忘れられなくて、
気がついたら〝新しい夢〟の一つになった感じ』

大人のライフスタイルを提案するライフスタイルマガジン『GQ JAPAN』の企画で、初めて日本製ジーンズが生まれた（生産された）町・岡山県倉敷市を訪ねた神宮寺勇太。

『もちろんヴィンテージデニム好きでも、
倉敷が〝ジャパニーズジーンズ発祥の町〟なのは知ってるよ。

最近、岡山といえば〝売れっ子芸人が生まれた町〟的な見方をされてるじゃん？

千鳥さん、ウエストランドさん、リリー（見取り図）さん、兎（ロングコートダディ）さんとかさ。

他にもいらっしゃると思うけど、何かお笑いの一大勢力みたいになってるじゃん？

俺もお笑いは好きだけど、それ以上にやっぱり〝ジャパニーズジーンズ発祥の町〟なワケよ。

ウンチクを一つ言うと、日本のジーンズメーカーのエドウィンは岡山の会社で、

「東京（江戸）に勝つ（WIN）」の気持ちで〝エドウィン〟って名前がつけられたんだよね。

そのぐらい、岡山や倉敷の人にとっては、〝ジャパニーズジーンズ日本一〟の誇りを持ってるワケ』

そんな、世界からも注目されるジャパニーズデニムが生まれた場所へ向かった神宮寺勇太。

『企画のコンセプトが〝デニムを学ぶ旅〟だったから、
自分が何となく知っていた知識と実際の現場との答え合わせが楽しかったし、
デニム作りは高度な技術の集約だと実感しましたね。
ミシン作業ひとつとっても、職人の方は針の動きを正確に捉えていて、
微妙な曲線を繰り返して再現できる。
普通なら見逃したり、気づいても「この程度ならいいや」がまったくない。
とことん突き詰めるプロ意識と、繰り返しの作業と鍛錬で自分のモノにされている姿は、
どことなく紫耀の姿勢に似ている。
作り手の情熱を知って、
改めて「〝メイド・イン・ジャパン〟のデニムを履きたい、着たい」と思いました。
最新の環境配慮型デニムを知れたことで、
自分が好きなヴィンテージデニムを大切にする意義というか、気持ちも強まりました』

単なる雑誌の取材に留まらず、多大なる影響を与えてくれたこともわかる。

『初めてヴィンテージデニムを手に入れたのは20歳のときだった』

――と明かす神宮寺勇太。

すでにヴィンテージ市場は高騰の一途を辿っていたように思うが、以来、デニムパンツやGジャンなど十数着を所有しているそうだ。

『いちばん古いのは、マニアが〝戦前モデル〟と呼ぶ1937年製。
デニムだけじゃなく古着屋さんで、
昔のロックバンドやパンクバンドのツアーTシャツも集めていて、
それも90年代のヴィンテージが多い。
ツアーTシャツはそのツアーがいつ行われたかが正確にわかるし、
何十年後かに古着屋の店先に〝Number_i〟のツアーTシャツ〟が飾られている未来を期待してる。
未来の若者たちに〝カッコいい〟と思ってもらえるのは最高じゃないですか!』

神宮寺勇太の〝新しい夢〟が叶う日が、一日も早く来て欲しい。

神宮寺勇太が今改めて挑戦したい仕事

さて先ほどのエピソードで「実質Number_iとしての初仕事じゃないですかね？ 撮影時期を考えるとNumber_iの結成が発表された直後でしょうし」（ファッション誌デスク）とお話しさせていただいたエピソードに登場したイヴ・サンローラン・フレグランス〝LIBRE〟のストアイベントだったが、初日から多くのファンの方が集まり、2日目からは混雑のため動画放映を見合わせ。

さらに3日目の11月22日には【ご案内】として「表参道ヒルズ『YSL LIBRE STAND』Number_iとVOGUEによるスペシャルムービーの上映を、混雑のためお客様の安全性を考慮し、終了させていただくことになりました。楽しみにしていただいた皆様には誠に申し訳ございません」と謝罪の告知が発表されたのだ。

「ストアイベントは予定通り11月26日まで開かれましたが、23日の祝日や25日・26日の週末はさらなる人出が予測されたため、メーカー側も苦渋の判断だったでしょう。しかしファンの皆さんがNumber_iの人気をご存知だからか、〝残念ですが仕方がない〟〝最高にカッコいい動画だったので、ぜひ現地で見てみたかった〟などの声が上がりつつも受け入れてくれていた。メーカー側は今後、何らかの形で地上波放映も考えているとの話です」(同ファッション誌デスク)

さすがNumber_i人気の破壊力を物語るエピソードではあるが、神宮寺勇太は――

『こうして話題にしてもらえるのは光栄だし、ポジティブに次のお仕事にも迎える』

――と、とことん〝今〟を楽しんでいるようだ。

『Number_iというグループとしてのお仕事はもちろんだけど、
個人としては今改めて挑戦したいお仕事があるんですよね。
2年前も自分としては完全燃焼したつもりだけど、
「今、改めて挑戦すれば〝違う形〟の結果を残せたんじゃないかな」――って』〈神宮寺勇太〉

それが約2年前、神宮寺勇太にとっては初の主演舞台、座長公演になった〝『葵上』『弱法師』―「近代能楽集」より―〟だと明かす。

東京公演は2021年11月8日から28日まで東京グローブ座で。大阪公演は12月1日から5日まで梅田芸術劇場 シアター・ドラマシティで上演された。

原作は全8編の短編戯曲からなる三島由紀夫『近代能楽集』のうちの2篇で、『葵上』では美貌の青年・若林光を、『弱法師』では戦火で視力を失った20歳の青年・俊徳を演じた。

「初の単独主演舞台であるとともに、初のストレートプレイにも挑みました。私も拝見しましたが、確かに〝2年後の今、どのように演じるのか？　どこまで成長したのか？〟を見てみたい作品ではあります」（TBSテレビスタッフ）

共演はヒロインを演じた中山美穂で、『葵上』では光のかつての恋人・六条康子を、『弱法師』では俊徳を救おうとする調停委員・桜間級子を演じた。さらに『葵上』には佐藤みゆき、金井菜々、『弱法師』には篠塚勝、木村靖司、加藤忍らストレートプレイに相応しい舞台役者が出演してくれた。

『そうなのよ、美穂さんを筆頭に、皆さんには助けていただいてばかりだったから。初回はそうでも、2回目の座長公演はビシッと決めたいんですよね。だから今、あえて個人としてやってみたいお仕事が演劇』

——そう話す神宮寺勇太。

『葵上』は『源氏物語』を原典に能楽から近代劇へと移り変わりながらも、時代を超えても変わることのない嫉妬や欲望、情念など心の内に秘められた闇を生々しくも幻想的に描いた作品。

そして『弱法師』は、終末観に腰を据えた青年がいかに大人の世界に復讐するかを軸に、滑稽にも見える両親とのやり取り、主人公が語る長ゼリフ、現実に対する敗北を表す最後のセリフが印象的な作品だった。

『初めての単独主演は、
〝舞台に立てる喜び〟と〝自分にどこまでできるのか？〟の不安が両立する、
たぶん初めての座長公演でしか味わえない感覚だった。
ストレートプレイに挑戦するのも初めてで、
『葵上』と『弱法師』の2作品を演じることは簡単ではなかったし。
でも座長公演だからこそ感じたのは、
「客席に来ていただけたお客様の顔、一人でも多く覚えて帰りたい」ってことだった。
あのときは（旧）ジャニーズにいて今はTOBEにいるけど、
2回目の座長公演ではどんな気持ちが芽生えるのか、
改めて自分で確かめてみたい気持ちが強いんですよ。
そのためにも前よりも難しい挑戦をしたい』

――力強い決意を語った神宮寺勇太。

当時、岸優太は、初の単独主演舞台に臨む神宮寺勇太にこう言葉をかけた——。

『何の根拠もなく、
「大丈夫、神宮寺ならできる」——と言ってくれて、
めちゃめちゃ心強かったんですよね。
今もその言葉は胸に残っているし、
また言ってもらいたい』

Number_iとして新たな道を歩み始めた神宮寺勇太が〝改めて挑戦したい〟主演舞台。
今も残る岸優太の言葉を胸に、ぜひ再びチャレンジして欲しい。

インスタライブで見せた神宮寺勇太と平野紫耀の〝絆〟

—Ｉｎｓｔａｇｒａｍライブを行っているのは、何も平野紫耀に限ったわけではない。頻度は平野紫耀ほどではないが、神宮寺勇太も自分のペースの中でファンとの交流を図っている。

「実は神宮寺くんが初めてＩｎｓｔａｇｒａｍライブを行ったのは、平野紫耀くんよりも10日近く早い（2023年）8月5日でした。Ｉｎｓｔａｇｒａｍの開設はともにＴＯＢＥに加入した7月7日でしたから、ギリギリ1ヵ月以内にインスタライブを行ったわけです」（人気放送作家）

後に平野紫耀はＴＯＢＥのＳＮＳ担当スタッフに——

『ジンのインスタライブを視聴者として見ていて参考になった。
コメントってあんなに早く流れるんだね』

——と語っていたそうだ。

ちなみに神宮寺勇太のインスタライブもアッという間に同接視聴者数20万人を突破。X（旧Twitter）でも瞬時にトレンド入りをしていた。

「初めてのインスタライブにはプライベート感満載というか、グレーのTシャツにシルバーアクセサリーを合わせた普段着で登場。これは後の平野くんもそうでしたが、たった一人で配信用のカメラに向かって話すのに慣れていないせいか、最初はかなり照れくさそうにしていましたね。次第に優しい表情と笑顔を作れるようになり、視聴者に語りかける姿も堂に入っていました。コメントを拾って当日のヘアスタイルの話題に触れ、前髪を作ったもののなかなか慣れないこと、すぐに髪が伸びることを明かしながら、『みんな、どっちが好きなんですか』――と語りかけてくれました。即席アンケートの結果は『みんなは前髪アリ派なんだね、やっぱり。前髪〝あったほうがいい〟のコメントしかないいんだけど……。じゃあ聞くけどさ、今までは何だったの!?』――などと、おどけながらトークを展開していました」（同人気放送作家）

このあたりはさすが、〝トークの神宮寺〟らしい（ファンの）楽しませ方だったと感心させられた。

『あのインスタライブで
「しばらくは前髪アリでいこうかな?
みんなが好きっていうんだったら」――と思ったし、
やっぱ短い時間とコメント投稿を通してだったけど、
みんなの意見や気持ちをストレートに聞ける、
コンサートのMCで反応がダイレクトに届くのと似てるというか、
きっとあれこそがインスタライブとか生配信の醍醐味なんだろうね。
滝沢さんはそういう〝今〟の流れを実際に体感させることで教えてくれるし、
だからこそ俺も紫耀も岸さんも、
アイデアを提示されたら乗ってみたくなるんだよね』〈神宮寺勇太〉

――と語る一方で、こんな〝怖さ〟にも触れている。

『でもさ、あのときのインスタライブでも話したけど、
俺はみんなの気持ちというか〝好み〟とは真逆の方向を向いていたわけで、
それこそ中には〝ジンくんは前髪がないから推せない〟とか、
担当になってくれなかった人もいるかもしれないわけで、
そうなったら少しは「俺って何だったん？ 間違ってたん？」……って悩むしさ。
みんなの気持ちや本音がわかりすぎるのも怖いよね（苦笑）』

インスタライブでは前髪ナシ派の声も拾い――

『〝どっちでもいい〟？
いやあズルいわ、〝どっちでもいい〟は』

――とツッコむ余裕も見せた神宮寺は、元来の〝国民的彼氏〟の立ち位置に戻るべく、前髪ありなしトークから、〝妄想デートトーク〟へと展開。

『たとえばみんなが仮にデート行ったとするじゃないですか？
そのとき、彼氏なのか友だちなのか憧れの人なのかはわからないけど、
デート相手に〝どっちでもいい〟的な態度を取られたら嫌じゃん』

——と、さらにカメラと顔の距離の近さ、話し言葉のスピードに強弱をつけるなど、〝国民的彼氏〟の面目躍如で楽しませてくれた。

「この神宮寺くんと平野くん、さらに岸くんと、インスタライブの親和性は高く、そこを見抜いた滝沢秀明氏の戦略はお見事です。神宮寺くんはトークの上手さに磨きをかけるでしょうし、平野くんや岸くんが仮に失言したとしても、それも天然トークの醍醐味だと感じさせられる」（前出人気放送作家）

神宮寺勇太と平野紫耀の初配信には、どちらも大先輩の三宅健が駆けつけてくれていたが、三宅は自身のYouTube公式チャンネル・KEN MIYAKEの生配信でも2人の話題に触れ、TOBEメンバーが集まった食事会では平野紫耀が積極的に発言していたこと、そんな平野の発言に神宮寺が小声で――

『**それ（発言）はちょっとマズいんじゃない？**』

――とツッコミを入れる姿に、

『**アイツらはニコイチなんだよ**』

――と思わず本音をポロリ。

そこには旧ジャニーズ事務所時代から培われた先輩後輩の確かな〝縦の絆〟、そして神宮寺勇太と平野紫耀の〝横の絆〟を感じずにはいられなかった。

彼らが旧ジャニーズ事務所時代から築き上げた〝絆〟は、これからも決して変わることはないのだ。

『King & Princeる。』で見せた高いプロ意識

『残念ながら俺らがKing & Princeを脱退する直前に番組が終わって、
それで今は廉と海人、2人のレギュラー番組『キントレ』をやってるじゃないですか。
『キントレ』ももちろん見てるんですけど、
録画した『King & Princeる。』もたまに見て、
気持ち的に刺激をもらったりしてますよ。
自分が出てる番組を見て刺激をもらうって変かもしれないけど、
King & Prince初めての地上波レギュラーだったし、
お正月特番やゴールデン特番とか、いろんな思い出もありますからね』〈神宮寺勇太〉

「過去を振り返ることも成長の糧になる」と話す神宮寺勇太は、かつて自分が出演した番組をHDにタップリと録画していて、夜中にお酒を飲みながら、ニヤニヤした顔で眺めているそうだ。

『たまに人によっては「未練がある証拠」とか言ってくる人もいるけど、未練とかそういうんじゃなくて、King & Princeに所属していたことも、『King & Princeる。』に出演していたことも、神宮寺勇太を作ってくれた大切な栄養素なんです。それは紫耀と岸さんも同じで、俺たちは絶対に過去を否定しない。だから今も笑顔で語れるんですよ』

そんな神宮寺勇太が『King & Princeる。』の中で、『唯一ネガティブな思い出になってしまった』と悔やむのが、収録中に右（手）の掌の一部に火傷を負ってしまったことだ。

『女の子じゃないから火傷の痕も〝一生懸命に仕事をした〟勲章みたいなものだけど、やっぱ痛かったしね（苦笑）。全治でいうとどれぐらいだろ？ アレって、さじ加減で期間決めてない？……まあ、痛み自体は2週間ぐらいは残ったかな、本当は』

『King & Prince る。』の人気コーナー「日本語禁止! English Cooking」の収録中、火傷を負った神宮寺は番組プロデューサーの指示で収録を抜けて病院へ直行。日常生活に支障が出ない状態に戻るまで1週間ほど要する症状と診断された。

神宮寺勇太も番組公式サイトで『びっくりさせてしまい、申し訳ございません。昨日は大事をとって収録を途中で抜けさせていただきましたが、今は痛みもほとんどなく、元気になっています! また『King & Prince る。』で元気な姿を見ていただけると嬉しいです』とのコメントを発表した。

火傷はメンバーとパスタを茹でている際に負ってしまったようだが、カメラに映る神宮寺はほんの一瞬だけ持ち場を離れただけで、火傷をした右手をかばいながらも痛そうな表情やリアクションは見せず、その後は左手のみで収録(調理)を続けていた。

収録したコーナーのオンエア前に神宮寺勇太の火傷が発表されていたので、オンエアを見たファンは違和感に気づく。

するとSNS上には「神宮寺くんは右手を心配かけないように隠してて、火傷したって知らなかったら気づかないレベル」「ずっと笑顔なのもプロすぎる」「火傷をした後、放送では一瞬画面から捌けたけど右手を後ろに回しながら最後まで頑張った神宮寺くんはほんとプロだわ」などと、神宮寺勇太を絶賛する声が溢れた。

確かに突然のトラブル対応からも神宮寺の人柄やプロ意識の高さが伝わってくるが、当の本人は――

『いろいろとファンの皆さんの反応は知ってるけど、
本人は〝痛いだけ〟のネガティブな思い出なんだよね（笑）。
たくさんの方にプロ意識を褒められたけど、
みんなはスタジオ収録に何十人もの大人が関わっていることを知らないじゃん？
あんだけの人数の大人がいたら、
火傷したからって自分から〝収録を止めてください〟とは言えないよ。
たぶん俺じゃなくても、King & Princeのメンバー全員、
なんとか平静を装っていたんじゃない？
それぐらいテレビのプレッシャーって凄いから。
でも海人は無理そうだね、泣き出しちゃうかも（笑）』

本人はそう言うけど、それこそ〝平静を装った〟ことがプロ意識（の高さ）なんじゃない？

神宮寺勇太が掲げる〝いい意味で傲慢な目標〟

神宮寺勇太と平野紫耀が、それぞれのＩｎｓｔａｇｒａｍアカウントに積極的にシンガポール旅行の様子を投稿してくれた。

「２人がシンガポール旅行に行ったのは、夏休みが終わった9月から10月にかけてあたりだったと思われます。Ｉｎｓｔａｇｒａｍ投稿はまず（２０２３年）10月25日に平野くんが『**シンガポールの植物園に行った**』と写真をアップし、ストーリーでは『**実は岸くん来る前にジンとプチ旅行シンガポール行ってきた**』——と、Number_iのメンバー・岸優太くんがＴＯＢＥに合流する直前、神宮寺くんとともにシンガポールに〝（自称）プチ旅行〟して来たことを明かしてくれたのです」

（日本テレビスタッフ）

神宮寺勇太は神宮寺勇太で――

『**久しぶりの海外楽しかったので写真載せていくね**』

――と綴り、ビルの上に巨大な船が乗ったビジュアルで有名なIR（統合型）リゾート、マリーナベイ・サンズをバックに平野紫耀とのツーショットを投稿し、シンガポールの名物料理チリクラブを前にカニのモノマネをする愛らしい写真も公開している。

さらにストーリーでは、神宮寺勇太は今回が初めてのシンガポールであることも明かしていた。

『あのホテルを「どうしても」って言ったのは紫耀だったんだよね。
「屋上のプール、ナイトプールの時間にどうしても行きたいから」って、駄々こねてさ。
SNSで上げたら絶対にバズるからって、張り切って映えてたよ。
俺もあのホテルに行きたかったんだけど、
俺の場合はIRリゾートってヤツを体感しておきたかったから。
大阪にいっぱいできるんでしょ？〝IRリゾート〟ってヤツ。
結果的に紫耀のInstagramがバズったかどうかは知らないけど、
アイツは昔から上半身を脱ぎたがるクセがあるから、
ナイトに限らずプールで自撮りしたかったんじゃないの。
騒いだ割には、バックショット1枚しかInstagramに上げてないけど（笑）』

――そう言って笑う神宮寺勇太。

『紫耀に限らず、俺もめちゃめちゃ写真撮った。
今までも結構旅先では撮ったりはしてたんだけど、
ホテルだけじゃなく植物園や水族館に行くと、
この光景を〝どうしても残したい！〟と思える瞬間があってさ。
これまではそこまでこだわってなかったんだけど、
「記憶じゃなく記録としても残せたら素敵じゃない？」
……みたいな考え方に変わってきたのかも。
ちょっと年取ったからかな（笑）』

まだまだそんな年じゃないけど、今のうちから記録に残す習慣をつけるきっかけに、海外旅行はピッタリじゃないかな。

『俺の場合、海外でも国内でも、旅には〝ドライブ〟が付き物だったのよ。もちろんナビとかには頼らず、直感で進む方向を決めたりしてたんだけどさ。そういう旅も本当に面白いけど、そればかりが目的になると、走りやすそうなハイウェイがある国や土地に限られちゃうじゃない。今回のシンガポールとか、絶対に候補に入らないよね。国の面積自体が小さいから、ロングドライブできそうなハイウェイ、聞いたことないもん』

これまでに仕事で訪れているタイや台湾を含め――

『アジアの国々にすげえ興味が湧いている』

――とも話す神宮寺勇太。

『Number_i』が目指す〝海外進出〟って基本的にアメリカなんだけど、

「アジアの国々もツアーで回りたいよね」——とは、紫耀や岸さんとも話し合ってるんだ。

今回のシンガポールは完全プライベートで、
プライベートだからこその自由さも本当に満喫できたんだけど、
ちょっと真面目なことを言うと、

「これだけエンターテインメントが充実した国だからこそ、自分たちを試してみたいな」——って。

シンガポールのお客さんが、Number_iとマリーナベイ・サンズのどちらを選ぶか……

どうせならそれぐらい、いい意味で〝傲慢〟な目標を立ててみたい』

自身の言葉で「いい意味で〝傲慢〟な目標」と語った神宮寺勇太。

なかなか高めの目標だからこそ〝価値がある〟んじゃないかな?


『シンガポールのお客さんが、Number_iとマリーナベイ・サンズのどちらを選ぶか』

……それはもちろんNumber_iに決まってる!

神宮寺勇太が〝ポテンシャル全開〟するとき

もう半年前の話になってしまうが、King & Princeから平野紫耀、神宮寺勇太、岸優太が脱退する直前、どこの出版社もテレビ局も最後のKing & Princeを収めようと露出が一気に増えたことがあった。さらにそんな中、King & Princeと仕事をした雑誌スタッフ、テレビ番組スタッフからは、神宮寺勇太に対する賞賛の声が多く上がっていたのである。

3人がKing & Princeから脱退するとき、神宮寺は――

『海外進出することが僕自身とジャニーさんと、そしてファンの皆様の大切な夢の1つでした。

その夢を追い続けるために活動してきましたが、活動方針の考えが変わっていきました。

自分勝手な考えではあるのですが、メンバーがこの先1人でも退所するという話が出たときに、自分も退所させていただくということを、本当に勝手ながら自分の中で決めていました。

これらのいろんな理由が重なり、今回このような決断をいたしました』

自らの言葉で丁寧に脱退に至った経緯を説明していた神宮寺勇太。

「神宮寺くんが語った脱退理由について、ファンの皆さんの中には〝大層な言い訳をするな!〟などとお怒りの方もいらっしゃったと思いますが、僕らテレビの現場で働く人間は〝こんなに丁寧に説明してくれるのか?〟と驚かされたと話す人間のほうが多く、神宮寺くんが本当にグループのことを大切に想っていた優しいメンバーで、かつグループの潤滑油的存在であることを改めて思い知らされたんです。平野紫耀くんと岸優太くんだけじゃなく、永瀬廉くん、髙橋海人くんと、個性の強いメンバーをつなぎとめてきた存在でもあったのですから」(若手売れっ子放送作家)

デビュー当初からのファンの皆さんには、今の〝じぐひら〟コンビよりも〝じぐいわ〟コンビのほうが馴染みがあるのではないか。

元メンバーの岩橋玄樹は2018年5月にKing & Princeのメンバーとして華々しいデビューを飾ったものの、わずか半年後の2018年11月にパニック障害の治療のために休養入り。その後は2019年2月に活動再開が発表されたが、再び不安定な状態に陥ったとして復帰が見送りになる。結局2021年3月にグループを脱退、ジャニーズ事務所も退所した。

「当時は神宮寺くんの『メンバーがこの先1人でも退所したら』の言葉を、岩橋くんの復帰を認めなかった藤島ジュリー景子氏に対する〝皮肉〟だとする向きがテレビ界では一般的でした。また平野くんは自分の世界を持ち、目標に向かって強引にでも突っ走るタイプで、その平野くんと並び称される永瀬くんは一人ぼっちを好み、現場でも物思いにふける姿が目立つタイプ。当時のKing & Princeの2トップがそれですから、神宮寺くんは自ずと〝バランサー〟の役割を担わずにはいられなかった面もあります」（同若手売れっ子放送作家）

最年長かつリーダーの岸優太が、良くも悪くもあまり気の回らないタイプであったことも、神宮寺がグループの潤滑油的な存在、バランサーにならざるを得なかった理由かもしれない。

「神宮寺くんはKing & Princeコンサートの構成・演出を担当していましたが、当初は髙橋海人くんの役割でした。ところがグループ最年少の海人くんは、平野くんや永瀬くんから〝こういうことをやりたい〟とリクエストを出されると、それにすべて応えようと無理をするしかなかった。そんな海人くんの苦しみを感じ取った神宮寺くんが、途中から構成・演出を買って出たと聞いています」（同前）

5人になってからの神宮寺は、時間の経過とともにバランサーとしての存在感が増し、一方、逆にどんどんと〝地味〟に映るようになっていった。

「しかし〝グループにとって欠かせない人物は?〟と問われれば、テレビ局関係者の多くは彼の名前を挙げるでしょう。〝グループの顔は?〟と問われれば、それは平野くんになるでしょうが、バランサーの神宮寺くんがいてこそ、個性の強いメンバーたちでも一つのグループで活動することができた。〝Number_i〟で、彼はようやく自分のポテンシャルを全開にすることができるのではないか?〟――テレビ界ではそんな期待をしています」（同前）

岸優太はそんな神宮寺勇太について、かねてから――

『すごく信頼ができる。配慮が細やかで発言に説得力がある』

――と話し、平野紫耀は、

『何かあったら必ず相談する相手。
プライベートでもよく遊ぶし、心を許せる存在』

――と語る。

「神宮寺くんはバラエティ番組でいうところの〝裏回し〟的な存在ではないでしょうか。彼がその場にいるといないとでは、収録（進行）のスムーズさが違う。一度でも仕事をした人間はみんな神宮寺くんに感謝しているし、とにかく〝ギョーカイ受け〟がいいので、Number_iにはすぐにレギュラー番組のオファーが届くと思いますよ」（前出若手売れっ子放送作家）

いよいよポテンシャル全開するときがやって来た神宮寺勇太。

Number_iとしても、個人としても、これからの活躍が楽しみでならない――。

神宮寺勇太 フレーズ

『当たり前かもしれないけど、〝自分にできることはすべてやったうえで運命に身を任せる〟紫耀と気が合うのは、そんな考え方』

最大限の努力をした自分を鼓舞するフレーズでもあるが、同時に「結果に関わらず全力を尽くす大切さ」をも教えてくれる考え方。神宮寺勇太と平野紫耀に共通する考え方だ。

『結局、自分の居場所を作るのは自分自身でしかない。
（スティーブ）ジョブズはいいこと言ったよな』

56才で死没（2011年10月5日没）してからすでに12年が過ぎたが、今なお世界中に影響力を誇る故スティーブ・ジョブズ氏。

Apple社の共同創業者の一人であり、NeXTやピクサー・アニメーション・スタジオなどの創業者でもある氏を尊敬する神宮寺勇太が、氏の残した言葉の中で最も感化されているフレーズ。

『将来のことをあれやこれやと計画するよりも、
俺の場合は〝やりたい〟と思ったことを、
「何が何でもやり抜いてみせる」気持ちの強さや直感を信じたい』

何もかもを計画立てて進める考え方や行動からは、予想もしなかったサプライズ的な余力は生まれない。その場の直感やノリで生きることも大切。

『ずいぶん前の（旧）ジャニーズJr.時代、
アイドルバリバリだった頃の滝沢くんに——
「失敗の数と成功の数は比例する。
だから成功したければどんどんとチャレンジしろ」——って教えられて、
それがすっごい今も心に残ってるんですよね』

ボスがトッププレイヤーだったからこそ、素直に心に刺さるメッセージも多いのでは？ その言葉通り「失敗の数と成功の数は比例する」ならば、成功したければどんどんとチャレンジするしかない。

『どんな出会いでも〝奇跡〟のようなものだから、
そうして生まれた関係というか〝縁〟は大切にしたいよね。
特に相手の人生は心から〝応援〟したい』

平野紫耀に対しても岸優太に対しても、もちろんこれまでに出会ったすべての人に〝奇跡を感じる〟神宮寺勇太。奇跡の出会いを縁に繋げ、その縁から相手の人生を応援する気持ちが生まれる懐の深さこそが、神宮寺勇太の持つ魅力の一つ。

『しばらくの間、仕事もせずに、
淡々と時間だけが過ぎていく毎日を送ったからこそ、
みんなを喜ばせる、笑顔にしたい〝欲〟がピークを上回った。
休業は決して無駄じゃなかったし、無駄にしないためにも、
今後のモチベーションに繋がった』

人生にはただベッドに寝転がり、天井を眺めるだけの時間も必要なのだ。そこから発生した〝欲〟こそが、真に自分を動かしてくれるのだから。King & Prince脱退からNumber_i結成まで、その間の時間が神宮寺勇太のモチベーションを呼び起こしたのだ。

『何でもかんでも「ゼロからのスタート」っていうのは、
個人的にはあまり口にしたくないんだけど、
〝ゼロ＝振り出し〟じゃなくて、
〝ゼロ＝無限の可能性の始まり〟って考えれば、
めちゃめちゃたくさん言いたくなる』

これは単純に〝ゼロ＝〟の意味をどう捉えるかの話。神宮寺勇太のように「ゼロ＝無限の可能性の始まり」と考えられるクリエイティブな人間は、必ず何かを生み出してくれる。Number_i の未来も〝ゼロ＝無限の可能性〟が広がっている——。

5th Chapter

岸優太
Yuta Kishi

—新たなるステップ—

Number_i

『とべばん』配信——TOBE、そしてNumber_iの勢い

Number_iとしての活動が発表された2023年10月15日、すでに開設されている平野紫耀、神宮寺勇太のInstagramアカウントの他に、3人はYouTube公式チャンネルの開設も発表した。

YouTube動画では音楽活動の様子やダンスレッスンなど、『普段はお見せできないところをYouTubeにのせてお届けしたいなと思ってる』との説明を加えて。

「旧ジャニーズ事務所関連タレントのYouTubeチャンネルといえば、二宮和也くんの退所で継続が危ぶまれていたジャにのちゃんねる。旧ジャニーズ事務所2回目の記者会見の後で一時休止を発表し、11月から再び投稿を再開しています」(ITジャーナリスト)

そのジャにのちゃんねるでは、一時休止発表後の動画でチャンネルの継続、チャンネル名の変更を改めて明言。旧ジャニーズ事務所の新体制に合わせた個々の活動がまとまってから、チャンネルを本格的に再開することを宣言した。

「岸くんはYouTubeでやりたいことが話題に上がると、『ASMRに挑戦したい』と明かしました。〝ASMR〟とはAutonomous Sensory Meridian Responseの略で、日本語に訳すと「自律感覚絶頂反応」になるらしいです。〝その自律感覚絶頂反応とは何か?〟という話になると、主にYouTubeやSNS動画ではゾワゾワする〝咀嚼音〟を指しています。神宮寺くんからは『岸さんが好きな物を食べたいだけじゃない?』とのツッコミが入り、平野くんも『岸くんには昔からその癖ある。いい意味で仕事を利用してタダで美味しいものを食べようとしてる』とツッコまれていました。2人からのツッコミに対して岸くんも『利用できるものはしていかないと』と本音全開でしたね」(同・Tジャーナリスト)

平野紫耀は岸優太と違い——

『自分たちのオリジナル楽曲がファンの手元に届くまでの過程を共有したい』

——と話す。

また神宮寺勇太は――

『〝岸くんを追え〟みたいな、岸さんに365日密着した企画をしてみたい。Number_i 3人の関係性だったり一人一人の個性みたいなのが、YouTubeを通して映ればいいですね』

――との抱負を口にする。

それぞれのキャラクターが表れているコメントだ。

そんなNumber_iのYouTube公式チャンネルだが、TOBE社長の滝沢秀明氏は2023年11月25日に新たなYouTube公式チャンネル『とべばん』の開設を発表。

いかにも「元『うたばん』(TBS系)のスタッフが絡んでいるんじゃないか」を示唆するかのようなそっくりロゴだが、蓋を開けてみると三宅健、北山宏光、Number_i、IMP.の4組・12人が集合。

「驚かされたのが今回の生配信には、あのKOSEとスシローがスポンサーでついていて、IMP.の7名が2組に分かれてロケを決行。その様子を12人で見ながらワチャワチャとツッコミを入れる、まるでごく普通にテレビの深夜番組で流しても通用する出来映えだったことです」（同前）

そう、旧ジャニーズ事務所のメンバーがスポンサー離れで苦しんでいるのに、TOBEはYouTubeチャンネルとはいえ、KOSEとスシローという有名一流企業を難なくスポンサーにつけたのだ。

もちろん滝沢秀明社長の手腕ではあるのだが、三宅健、北山宏光、Number_i、IMP.を起用したい企業は、今後ともタイアップやスポンサードを申し出るのではないか。

「1ヵ月後の12月24日、クリスマスイブに『とべばん』第2回の生配信が告知され、しかも三宅健&北山宏光、Number_i、IMP.がそれぞれハワイでロケを行った姿を配信するというではありませんか！これは少し前に話題になった〝アメリカ大使館でビザ申請〟の答え合わせにもなりました」（同前）

さらに11月27日からは、いよいよNumber_iのYouTube公式チャンネルに最初の動画が投稿されることも告知され、こちらは生配信ではないが、クリスマスイブの『とべばん』同様、ファンには楽しみでならないだろう。

「『とべばん』第1回は約1時間40分の生配信でしたが、配信後にアーカイブを残してくれました。そちらもアーカイブのアップから約3時間後にはアッという間に100万回再生を突破。この手のバラエティ動画が3時間で100万回再生を突破するなど見たことがありません」（同前）

このTOBEの勢いはもはや誰にも止められまい。

そしてその中心にいるのは、平野紫耀、神宮寺勇太、岸優太、彼らNumber_i。

それは紛れもない事実なのだ。

神宮寺勇太に送った〝遅すぎる〟誕生日メッセージ

10月30日に26歳の誕生日を迎えた神宮寺勇太。

当日の夜、平野紫耀はＩｎｓｔａｇｒａｍストーリーにシンガポール旅行の2ショットを投稿し、手書きの文字で『この男たんじょうび』と書き添えて祝福した。

さらに続く投稿でも神宮寺勇太に向けて――


『ｈａｐｐｙ ｂｉｒｔｈｄａｙ!!! 素敵な1年にしよう！ とにかく楽しみましょう』


――とのメッセージを送った。

そして翌日の10月31日には『昨日は1番乗りありがとうございました。岸くんは何番目でした？』と、自分の祝福が誰よりも早かったことを明かし、岸優太の連絡が〝何番目〟だったかを気にしていた。

「そんな平野くんの投稿に対し、神宮寺くんも『**ありがとう! マジで1番でびっくりした**』と反応すると、平野くんの投稿に答える形で『**岸くんは6番目くらいでした 笑 ちょっと目を離して遅れたらしいです 笑**』と、岸くんの情けない姿を暴露。すると鼻高々の平野くんは『**まー こっちはずっと時計見てたからな!!**』と、1番になるために数分前からカウントダウンしていたことを明かし、さらに『**KC(岸のこと) おっそ これは罰ですね**』とツッコミを入れていました。おそらくこのあたりのやり取りはプライベートで済んでいる、承知しているはずですが、ファンのために公開でもやってくれたのでしょう。Number_i のファンに対する優しさが窺えます」(テレビ朝日制作スタッフ)

確かにファンにとっては〝嬉しい〟のひと言だろう。

岸優太は平野紫耀と神宮寺勇太のやり取りの前日、つまり神宮寺勇太の誕生日当日も、日付が10月31日に変わる1分前の(10月30日)23時59分、自身のX(旧Twitter)アカウントにこんなメッセージをアップしていた。

『じぐさん!! おたおめです!!!
たぶん私が最後のおめでとう言った人でしょー!!!!!!!!!
ジグさんもジグ担さんもこれヨロです!!!!!!!!!』

ファンに話題の〝岸くん構文〟で遅すぎるメッセージを送り、まるで〝ラスボス〟のように振る舞っていたのに……。
この一連のやり取りを見ても、Number_iメンバーのファンに対するサービス精神旺盛なことがわかる。

「神宮寺くんは、平野くんと岸くんの〝順番争い〟を受けて、『**誕プレも楽しみにしてるね**』とのメッセージを送っていました。3人のやりとりには当然のようにファンの注目が集まり、SNS上では〝本当に仲よしな3人〟とする声が最も多かったものの、冷静に〝この人たち何やってるの?〟とのツッコミを入れるファンも(笑)。また岸くんが公式アカウントを開設しているXでは、神宮寺くんの誕生日を祝福するハッシュタグ〝#神宮寺勇太誕生祭2023〟が、日本・世界トレンド1位を獲得。それに対し、神宮寺くんもInstagramで『**#神宮寺勇太誕生祭2023　いつも盛り上げてくれて本当にありがとう 毎年見てて改めてみんなに直接伝えられて嬉しい**』――と、改めてファンへの感謝を送っていました」(同テレビ朝日制作スタッフ)

こうして自担(※推し)に喜んでもらえることこそがファンにとっては何よりも至福なのに、そこに〝岸くん構文〟のおかげで〝笑い〟まで提供してくれるのだ。

Number_iメンバー3人のファンへの想いが伝わってくるエピソードではないか――。

岸優太〝ロゴ騒動〟プチ炎上

Number_i結成翌日から期せずしてネガティブな話題になってしまったのが、岸優太もアイデアを出したというNumber_iの〝ロゴ〟だ。

真ん中にアルファベットの〝N・O・I〟を組み合わせたように見えるこのロゴが、何とロックバンド・The BONEZのバンドロゴに酷似しているとネット上で指摘されたのだ。

ロゴ騒動の最中におけるテレビ局の反応を話してくれるのは、TBSテレビ音楽班ディレクター氏。

「仕事柄、邦楽も洋楽も含めて様々なバンドのロゴを見てきましたが、失礼ながらこの程度の〝似てる似てない〟は日常茶飯事で、TOBEとNumber_iが旧ジャニーズ事務所に所属していたメンバー、スタッフの集合体であることから、各テレビ局の報道部やマスコミの一部に〝(旧)ジャニーズついでに叩いてしまえ〟感を感じるのは私だけではないはずです。報じる側も、簡単に〝酷似〟などと使って欲しくはなかったですね」（TBSテレビ音楽班ディレクター）

また中には〝The BONEZの一般的な知名度の低さにつけ込んでNumber_iがパクったのだろう〟などとする、悪意に満ちた報道もなされていた。

「それこそが〝この際だから叩いちゃえ〟の典型。しかも当の〝報じた側〟は、現場（テレビ局内）でこれといって深刻な表情や会話をしていたわけでもなく、〝叩いてやった〟ことがゴールかのような雰囲気でした。そもそもロゴのデザインが似てしまう騒動が何度も何度も繰り返されているところを見ても、デザインのパターンが〝有限〟であることは明白。だからといってパクってもいいとはいいませんが、そこまで騒ぐほどのことかな？……と音楽班のディレクターとしては思ってしまいます」（同TBSテレビ音楽班ディレクター）

この騒動でTOBEとThe BONEZ側は、同じ2023年11月20日、ロゴ使用を継続するとの見解を示した。もともとThe BONEZ側が騒ぎ立てたことがきっかけではないので、足並みを揃えて沈静化を図ったのだろう。双方ともに騒動そのものは本意ではないのだ。

TOBEは【Number_iのグループロゴに関しまして】と題する文書を発表し、まずはThe BONEZとバンドのファンに対して騒動を謝罪。バンド側の所属事務所と話し合いを経て理解を得たとし、ロゴを変更することなく活動を続けていくことに合意いただきましたと報告した。

ここで印象的だったのは、The BONEZが出したコメントだった。

The BONEZとNumber_iのグループロゴについてSNS上で騒がれていることを「俺たちのファンであるBONERを通じて知りました」とし、「みんなで確認したけど俺たちとBONERが10年以上背負ってきたNロゴと確かに似てはいるなぁとは思った。だからみんなが不安に思った気持ちもわかるよ、ありがとな！　でもロゴは似ているようで違うものだし、それぞれがそれぞれのロゴにプライドを持って掲げていけばいいんじゃないかな？　と思う。それにThe BONEZを応援してきてくれたBONERなら間違うなんてことないっしょ？　これも何かの縁として、ファン同士がお互いの音楽を知るきっかけになったら素敵なことじゃん。彼らの楽曲が出た際には俺たちもチェックしてみるよ」と素敵すぎる大人の対応。

ところがこのバンド側の発表をX（旧Twitter）アカウントで引用した岸優太が——

『それぞれのグループを応援してくれたら嬉しいです！』

——と投稿すると、待ってましたとばかりに「迷惑かけた側のコメントとは思えない」「上から目線で言える立場か？　それ相手方が言うことだよ」などと批判する声が上がる。

その結果、せっかく沈下した騒動がプチ炎上をぶり返すことになってしまった。

「The BONEZ側の大人の対応で〝期待よりも早く〟騒動が沈下してしまい、叩きたがっていた勢力が次のネタを探していたところへの投稿。岸くんは岸くんで上から目線でも何でもない普通の対応ですが、餌を与えられた側は無駄に張り切って叩いてましたね」（前出TBSテレビ音楽班ディレクター）

こうして岸優太はSNSの〝怖さ〟を知ることになった。

ところで11月末現在で優に80万人を超えるフォロワーに支えられている岸優太のXアカウントだが、なぜ岸優太は平野紫耀や神宮寺勇太と異なり、個人SNSに「Xを選んだ」のだろう?

次のエピソードではそのあたりも深掘りしていきたい。

平野紫耀がハマる〝岸くん構文〟

TOBEのメンバーは三宅健以下、いやもっというと社長の滝沢秀明氏以下、北山宏光、平野紫耀、神宮寺勇太、IMP.、TOBEオフィシャルとInstagramアカウントを開設しているのに、なぜか岸優太のみX（旧Twitter）にこだわっている。

大変失礼ながら現在のXはInstagramの登場以降、かつてのmixiのように利用者を減らし続けているのに、だ。

「特にこの（2023年）秋から広告表示を減らせること、投稿文字数制限の撤廃や使用できる字体を増やすなどを売りにサブスク有料化を進めているので、今後は新規アカウントが増え続けることもない。いわゆるオワコン化し始めているのがXで、利用者層も高年齢化の一途と聞きます」（日本テレビスタッフ）

そんなXをなぜ岸優太は〝主戦場〟に選んだのか？

先ほども触れたように、確かに岸優太のXアカウントは11月末現在で優に80万人を超えるフォロワーに支えられているが、平野紫耀のInstagramアカウントのフォロワーは400万人超、神宮寺勇太も200万人超のフォロワーを抱えているのだ。少なくとも岸優太もInstagramアカウントを開設すれば、Xのフォロワー数80万人超の2倍のフォロワーを抱えることができるだろう。

「Instagramの流行が〝インフルエンサー〟の商売を拡大させたことでもおわかりの通り、Instagramのフォロワー数は世界に向けての影響力を物語ります。日本人のトップはTWICEのモモさんで、そのフォロワー数は約1,360万人。2位は同じくTWICEのサナさんで約1,130万人。平野くんは約409万人のフォロワー数で日本人30位ですが、2トップがともにTWICEのメンバーでもおわかりの通り、今後Number_iが世界配信を始めればフォロワー数は飛躍的に伸びる。しかも現時点でもアカウント開設からわずか約5ヵ月間の数字なので、旧ジャニーズ事務所関連タレントで初の500万人突破は間違いないでしょうし、日本人ベスト10入り（現時点ではフォロワー数635万人がベスト10ライン）も現実的な目標」（同日本テレビスタッフ）

そんな〝21世紀の王道SNS〟Instagramではなく、なぜ岸優太はXを選んだのか？

TOBE合流を発表した夜、岸はさっそく——

『X始めました!!!
岸ですよろしくおねがいします!!!
たぶんゆるくなっちゃうと思いますけど!
なるべくそれはあげないとなーとおもってます‼』

——と、自撮りとNumber_iのグループショットを最初に投稿した。

翌日も——

『フォローありがとうございまーす!!!!
仕事なう!!!!』

——などと投稿。

「その後も平野くんがInstagramライブで岸くんのXにハマっていることを明かし、岸くんのキャラクター全開の投稿が注目を集めています。ファンの間でも〝岸くん構文〟と呼ばれ、独特の中毒性を誇っています」（前出日本テレビスタッフ）

『夜おやつ!!!!!』と題してフランクフルトの動画を投稿したときには、これを見ていた平野紫耀が――

『夜のおやつ上げてたよね、岸くん』

――とインスタライブでコメントし、普段から岸優太のXをまめにチェックしていることが判明。ファンを「さすがきしひら!」「2人が相変わらず仲よしでほっこり」と喜ばせた。

さて肝心の〝岸優太はなぜXアカウントを選んだか?〟だが、岸は周囲のスタッフに――

『誰か一人はXをやったほうがいいじゃん』

――と話しているそうだ。

実は岸優太はTwitter時代から隠れて個人アカウントを回していたのが理由だ。

「ずっとX、旧Twitterをやっていて、今もプライベートアカウントを持っている。つまり切り替えるだけでNumber_i用に使えるので楽なのでしょう。また先ほどからXは〝高齢者ユーザーが多い〟とお話ししていますが、つまりは運用するのが簡単なのです。それゆえ、気をつけないと〝誤爆〟を招き、大炎上する可能性もある。旧ジャニーズ事務所ヲタクに限らず男女アイドルのヲタクはいまだにXを情報交換の場に使っているので、誤爆などしたらアッという間に芸能界全体に広がる。まあInstagramでも誤爆したら同じ目に遭いますが、Xと比べて投稿するまでのステップが多いので、ウッカリと誤爆することが少ない。岸くんにはくれぐれも運用に気をつけていただきたいものです」（同日本テレビスタッフ）

そう、さっそくロゴ騒動でプチ炎上したのだから気をつけるに越したことはない。

平野紫耀もハマっている〝岸くん構文〟全開の岸優太のXでの投稿が、今後ますます注目を集めるのは間違いないのだから。

〝岸優太vs永瀬廉〟の主演作争い

2023年5月末にKing & Princeを脱退した平野紫耀、神宮寺勇太、岸優太の3人だったが、8月25日公開の初主演映画『Gメン』に関する舞台挨拶や番宣活動の縛りがあり、一人だけ旧ジャニーズ事務所からの退所が9月末になってしまった岸優太。

そのせいでTOBEへの合流、Number_iの立ち上げが退所2週間後という異例の短期間になってしまったが、おかげで2023年8月31日付でKis-My-Ft2を卒業、同時に旧ジャニーズ事務所を退所した北山宏光の最短記録（2023年9月17日にTOBE合流）を2日塗り替える珍記録も樹立してしまった。

「北山くんは初のソロシングルの配信、岸くんはNumber_iとしてイヴ・サンローラン・フレグランス〝LIBRE〟とのコラボが決まっていたゆえに、両者とも体裁を整えるためのギリギリの猶予期間だったのです」（TBSテレビ制作スタッフ）

さて、そんな岸優太の旧ジャニーズ事務所への置き土産になった『Gメン』だが、〝役者・岸優太〟の今後を占ううえでは好結果となったようだ。

「実は2人になったKing & Prince・永瀬廉の約2年ぶり通算4作目の映画主演作『法廷遊戯』が11月10日に封切られたのですが、何とも微妙な動員でスタートしてしまったのです。永瀬くん約2年ぶりの主演作ということで配給元の東映が力を入れ、公開映画館数を通常よりもかなり多い全国340館に設定。ところが初日から満員御礼の劇場は数えるほどで、公開から3日間の動員数は約13万8,000人、興行収入約1億9,840万円。前作の『真夜中乙女戦争』は公開3日間で動員約8万2,000人、興行収入約1億1,320万円なので数字的には伸びていますが、東映関係者は大きな杞憂を抱えているそうです」〈映画配給会社スタッフ〉

その〝杞憂〟とは何か?……をご説明する前に、永瀬廉最高のヒット作となった主演2作目『弱虫ペダル』が最終的な興行収入約6億9,000万円だったことも先にお話ししておこう。

一方、8月25日に公開された岸優太の初主演作『Gメン』は、公開から3日間の動員数約15万人、興収約2億1,000万円と『法廷遊戯』を上回り、さらに公開から約2ヵ月経った10月末現在、動員数約52万3,000人、興収約7億1500万円と『弱虫ペダル』を上回り、永瀬廉は岸優太に完敗してしまったのだ。

「プライドの高い永瀬くんですから、King & Princeを脱退した岸くんに完敗するなんて許せないでしょう。5人で活動中は平野くんとWセンター的な立ち位置でしたし、演技の仕事といえばまずは最初に名前が挙がるのは永瀬くんだった。元リーダーとはいえ……いやリーダーだったからこそ、自分たちを置いて脱退した岸くんにだけは負けたくなかったはず」（同映画配給会社スタッフ）

東映関係者や旧ジャニーズ事務所関係者の杞憂は、永瀬廉が岸優太に完敗したことによって負った〝精神的なダメージ〟。そして「役者としての永瀬廉は終わり」などの風潮が広がることなのだ。

「2024年1月クールからは日本テレビ系『厨房のありす』に出演する永瀬くんですが、実はこのドラマの主役は門脇麦さんが演じる〝八重森ありす〟。『厨房のありす』は、社会的コミュニケーションが困難で、特定の行動に強いこだわりが見られる発達障害のひとつである自閉スペクトラム症を患っている女性料理人と、彼女を取り巻く人々との交流を通じて変わり始める生活の妙味を描いていくヒューマンドラマ。永瀬くんとしては絶対に外せない作品ですが、今の永瀬くんは主演じゃないほうがかえってノビノビと演じられていい気がします」（前出TBSテレビ制作スタッフ）

〝永瀬廉VS岸優太〟……というわけではないが、初主演映画『Gメン』で結果を残した岸優太だけに、今後〝役者・岸優太〟へのオファーも増えることだろう。

岸優太〝非モテ〟カミングアウト！

岸優太にとってKing＆Prince時代の〝置き土産〟的な番組だった――といわれているのが、フジテレビ系『トークィーンズ』への出演だった。

この番組は1人の男性ゲストが大勢の女性タレントに囲まれ、逃げ場のない質問攻めを受ける構成。コンセプトとしては、最近バラエティ番組で見ない日はないほど引っ張りだこの女性タレントたちが一同に集結し、最強女性軍団である〝トークィーンズ〟を結成。ゲストの男性タレントの素顔をあぶり出すトークバラエティだ。

〝見ない日はない〟ほどの女性レギュラー陣は、まずメインMCに指原莉乃。パネラーはレギュラーにアンミカ、いとうあさこ、3時のヒロイン、生見愛瑠、ファーストサマーウイカ、藤田ニコル、若槻千夏を。また準レギュラーの位置づけで朝日奈央、池田美優（みちょぱ）、高橋真麻、野々村友紀子、野呂佳代、フワちゃん、松村沙友理、村重杏奈、森香澄、森川葵、山﨑夕貴（フジテレビアナウンサー）で、レギュラー陣に劣らぬ売れっ子揃い。

その『トークィーンズ』で岸優太は、〝好きな女性のタイプ〟と〝キンプリなのにモテない〟悩みを明かし、事前取材担当だったアンミカに『どうしたらモテますか?』と打ち明けた。

アンミカは「芸能人、みんなそれ言うやん。モテるに決まってるやんか」と半信半疑だったが、それでも岸優太は――

『胸を張って言えます!

〝モテない〟って』

――と、なぜか自信満々に返答し、ファンを安心させる〝置き土産〟を残す。

さらにアンミカが〝好きな女性のタイプ〟を聞くと、岸は――

『年上が好きで。

なんと言いますか、余裕があると言いますか。

時間とかもそうですし、そこまで切羽詰まってない感じがいいですよね』

そう言って年上好きをアピール。

恋愛でも〝甘えたいタイプ〟であるとぶっちゃける。

「一瞬、〝年上のアンミカさんにアピールしているのかも?〟と思わせつつ、51才のアンミカさんがぶっちゃけトークの相手ならファンもヤキモチを妬きませんからね。打ち合わせ段階から岸くんはその手の計算も思い描いていた気がしています」（フジテレビ制作スタッフ）

スタジオの女性陣も岸優太の〝非モテ〟カミングアウトを信じてはいなかったが、岸は必死に――

『あるじゃないですか、そういう〝紹介して〟みたいな。

噂聞いたりするじゃないですか、芸能界の……。

でも1回もないんですよ、誰か越しに紹介してくれるみたいな。

まわりはそういう噂聞くんですけど』

――と、非モテ以上に〝出会いやお誘いもない〟ことをアピール。

岸優太よりも年下の池田美優が「年上の人で〝岸くんかわいい〟っていう人、いそうですけどね」と首をかしげると、岸優太もスタジオの雰囲気に慣れて若干リラックスしてきたのか――

『僕も年上からウケるタイプだと思ってるんですけど、やっぱ芸能関連は来ないっす。芸能関連ゼロですね』

――と、聞かれてもないカミングアウトを重ねた。

「さらにMCの指原さんに『**自分からグイッといくほうですか？**』と聞かれると、リラックスしすぎた岸くんは『**〝勝ち確定〟のときはいきますけど。基本的には安全牌を取るタイプ**』――と、さらに余計なセリフを吐いてしまいました。通常ならば事務所の方から〝そのセリフは（編集で）カットしてください〟と要望が入るところですが、オンエアの2ヵ月後にKing ＆ Princeからの脱退が決まっていたせいか、この回の収録には事務所NGが入りませんでした」（同フジテレビ制作スタッフ）

この後も〝好きな相手への愛情表現〟を――

『言葉では難しいかもしんないっす。
一緒に楽しむ時間を作るとか、そういうので恩返しする』

――と話したり、相手から〝好きよ〟と言われたときに何と返すのかを尋ねられると、

『いや、むずいっすね。
メロメロって感じの自分が意外と恥ずかしい』

――と打ち明け、本来ならばＮＧのトークが続いた。

「そのあたり、さすが指原さんはMC経験豊富ですから、『ガチでモテてないじゃん!』と、適切なツッコミで岸くんを救ってくれました。終始『モテたい』と繰り返した岸くんにSNSでは〝モテなくていいから。ずっとそのままでいて欲しい〟という反応だけで炎上もしなかったのは、指原さんの〝回し〟のおかげでしょう」(同前)

このやり取りには「飾らなくて憎めない岸くん、最高」「本当に素敵な人だからモテるとか気にしなくてもいい」など、視聴者からは炎上どころかたくさんのフォローが番組に寄せられたそうだ。

キンプリからNumber_iへ――岸優太の悩みは〝キンプリなのにモテない〟から〝Number_iなのにモテない〟に変わるのかも!?

先輩から愛される岸優太の人柄

〝トークィーンズ〟軍団に「非モテ」をアピールした岸優太だったが、旧ジャニーズ事務所の先輩たちには「モテモテ」のようだ。

「11月20日の朝、日本テレビ系『ZIP!』に出演した風間俊介くんが、Number_iのニュース映像にポジティブなリアクションを残してくれました」（日本テレビ制作スタッフ）

『ZIP!』といえば2022年3月までKing & Princeがレギュラーコーナーを担当していた情報番組だ。2018年4月からスタートした『King&Prince GINZA DEBUT!』に始まり、『DESHIーRI King & Prince』、『King & Prince MEDAL RUSH』、『解決! King & Prince』と、丸4年間もお世話になっていた。

この日はNumber_iの最新映像として『VOGUE JAPAN』公式サイトで公開中の、イヴ・サンローラン・フレグランス〝LIBRE〟の動画コンテンツが紹介された。

「VTRが流れているとき、ワイプに抜かれた風間くんの表情がいかにも穏やかな眼差しで、ときおり小さく頷くリアクションも見せていました。またメンバーが大きく映し出されると、手元のVTRリアクション用の「○」の札をカメラに向かって掲げてくれてもいました」(同日本テレビ制作スタッフ)

風間俊介といえば、岸優太とは2021年1月から2023年9月まで『VS魂』『VS魂グラデーション』のレギュラー同士で共演した関係。プライベートでもちょくちょく一緒に食事に出かけたり、また芸能界有数のディズニーマニアで知られる風間の案内で、身バレせずに東京ディズニーリゾートを堪能したこともあったという。

「風間くんは相葉雅紀くんや二宮和也くん、生田斗真くんとの親交でも知られていますが、同時に旧ジャニーズJr.時代には後輩の赤西仁くん、山下智久くんを表舞台に引き上げたことでも(芸能界では)知られています。もちろんTOBEの滝沢秀明社長とともに〝第1次(旧)ジャニーズJr.黄金期〟から活躍していたメンバーですし、滝沢社長も風間くんとの交流ならば喜んで岸くんを送り出すと思いますよ」(同前)

他にも、WEST.(旧ジャニーズWEST)・藤井流星は旧Jr.時代から岸優太の先輩。

そんな藤井も岸を可愛がる先輩の一人だという。

「藤井くんは大阪市出身ですが、かつてＫｉｎｇ＆Ｐｒｉｎｃｅが大阪でコンサートを行った際、たまたま実家に帰っていた藤井くんが岸くんを連れ出し、岸くん曰く『〝**めちゃめちゃウマいたこ焼き**〟**をご馳走してくれた**』そうです。他にも2020年4月から出演している『ザ！鉄腕！ＤＡＳＨ!!』（日本テレビ系）では、城島茂くんと国分太一くんが岸くんを気に入り、Ｋｉｎｇ＆Ｐｒｉｎｃｅを脱退して旧ジャニーズ事務所からの退所も発表した際には、株式会社ＴＯＫＩＯへスカウトしたほどです。結果的に岸くんはＴＯＢＥに合流することになりましたが、それでも『ザ！鉄腕！ＤＡＳＨ!!』に異例の継続出演を果たしたのは、城島くんと太一くんの強力な押しがあってこそ、です」（同前）

話を風間俊介に戻すが、風間はＫｉｎｇ＆Ｐｒｉｎｃｅから3人の脱退が発表された際にも――

『新しい挑戦だったりとか、
新しいことが始まることにやっぱり不安な部分もあると思う。
なのでちょっと強がりだったとしても、
〝頑張って。わかった、応援する〟と言ってあげたいなと個人的には思っています』

――とコメントしてくれたほどだ。

「上から順に城島くん、太一くん、風間くん、藤井流星くんと、岸くんは先輩たちにめちゃめちゃ可愛がられるタイプ。『トークィーンズ』では『**年上（女性に）モテると思っていた**』と反省した岸くんでしたが、年上男性には十二分にモテている。それでいいじゃないですか」（同前）

年上の先輩たちに〝モテる〟のも、岸優太の人柄ゆえ。

これからも平野紫耀、神宮寺勇太、岸優太、３人の個性を思う存分発揮して、Number_i を〝Number 1のグループ〟へと導き、大きく羽ばたいていって欲しい――。

岸優太 フレーズ

『どんなにまわりから非難されようと、
自分が正しいと思った道をやり遂げたい気持ちがあれば道は開ける』

まさにSNS上を賛否両論が飛び交った「TOBE入り」に対する、
岸優太の本音のようなひと言。

『物事は一心に思いを込めて行えば必ず成就する。
俺自身、常にそう思って前を向いてきた』

自分に自信がない人、ネガティブになりがちな人には、岸優太のこのフレーズを贈りたい。この気持ちがあれば、きっとやりたいことに対してポジティブな気持ちで取り組めるに違いない。

『僭越ながら『鉄腕！ＤＡＳＨ』で学んだのは、
ピンチのときにこそ「俺ならできる」の気持ちが大切で、
だけどそこには〝遊び感覚的な余裕〟も大切ってこと』

次から次に、台本にはないトラブルに見舞われるのが『鉄腕！ＤＡＳＨ』のロケ。そこで体験したピンチからの〝岸優太流の脱出法〟がこれだ。

『リーダー（TOKIO・城島茂）によく言われていたのは、
ロケを〝雑にこなすな〟ってこと。
リーダー曰く「物事を雑にこなすから雑用になんねん」――って、
さすが年の功的なアドバイス（笑）』

〝雑にこなすから雑用になる〟――確かにアラフィフ以上のおじさんたちが説教用に使うフレーズにも感じるが、岸優太はこの言葉を「年の功的なアドバイス」とポジティブに捉え、自分への戒めにも使いたいと語る。

『明らかに自分に責任がない失敗でも、
まわりの誰かに原因を求めない。
失敗を人のせいにしない者には、
必ず名誉挽回のチャンスが回ってくるから』

岸優太が尊敬する先輩の一人、ＫｉｎＫｉ Ｋｉｄｓ・堂本光一に教えられた考え方。堂本光一は決して失敗を他人のせいにはしなかった。そんな背中に憧れる岸優太。失敗を人のせいにしない者には、必ずチャンスが回ってくる。

『俺ってコミュニケーションの取り方が上手くない自覚があるんだけど、だからこそ相手と自分の些細な共通点を見つけることに全力を尽くす』

最も簡単で手軽だが、将来的には強い絆を作ってくれそうなコミュニケーションだと岸優太が信じること。それは「お互いの共通点を3つ以上見つけること」だと話す。3つ目で友だちになり、5つ目で親友になれる。もちろん無理に共通点を作ってはならない。

『一緒にいることを楽しんでくれる人と仕事がしたい。
そうすると俺も楽しい』

「仕事は辛いもの」と多くの人がそう信じているし、確かにそんな一面があることも否定はしない。だからこそ岸優太は仕事の内容や中身ではなく、自分とともに仕事をする、一緒にいることを楽しんでくれる相手を探してきたと明かす。岸優太にとって、平野紫耀、神宮寺勇太はチームを組むパートナーとして、まさにベストな2人なのだ。

エピローグ

本文中でも少し触れているが、11月13日に発表された『第74回NHK紅白歌合戦』の出場歌手（司会陣含む）から、旧ジャニーズ事務所所属のアーティストが全組弾かれた。

NHK・稲葉延雄会長は11月15日に開かれた定例会見で、『第74回NHK紅白歌合戦』にSMILE-UP.所属タレントが1組も選出されなかった理由について、「出演依頼する基準まで、まだ距離があると感じる」と述べた。

「会見で稲葉会長は『被害者への補償や再発防止策が着実に実施されていることが確認されていない限り、新規の番組出演依頼を行わない』と明言しました。SMILE-UP.は2回の会見で謝罪の姿勢は見せたものの、補償の進行状況が不透明だというのです。同時に稲葉会長は『被害者全員に補償してからというわけではないが、（出場歌手決定時に）補償も始まっているわけではないですし、先々どういう状況になるのかも見えない』として、エージェントやマネージメントを担う新会社についても『SMILE-UP.の関係者とコミュニケーションを取っているが、現時点では十分といえる状況ではない』と指摘したのです」（NHK関係者）

このNHK・稲葉延雄会長の会見が行われた翌日、SMILE-UP.副社長兼CSOの井ノ原快彦氏は、自身が社長を務める株式会社ジャニーズアイランドを〝株式会社Annex〟に社名変更したことを発表。

さらにグループ会社からも〝ジャニーズ〟〝ジェイ〟の名称を削除し、すべて変更することも発表した。

例を挙げると――

ジャニーズ出版⇒ブライト・ノート・ミュージック
ジャニーズ・ミュージックカンパニー⇒グルーヴ・ミュージックカンパニー
ジェイベース⇒Merch Company

――などだが、果たしてここまで完全に旧ジャニーズ事務所色を消して、ファンや所属タレントからの反発はないのだろうか?

「井ノ原くんが焦っているのは、彼がジュニアを統括する立場にあるからでしょう。ジュニアといえばNHK‐BSプレミアム『ザ少年倶楽部』（現在は収録中断）ですが、この番組も番組タイトルを『ニュージェネ！』に変更するだけに留まらず、NHK‐BSサイドはこれまで旧ジャニーズJr.の冠番組だったものを〝これからは男女問わず他事務所のタレントさんにも出演してもらう〟とし、MCは引き続き河合郁人が務めるものの、番組構成を一変させることを発表しました。単なる公開収録の音楽番組になるのです」（同NHK関係者）

NHK、NHK‐BSサイドの方針に留まらず、11月15日にオンエアされた『テレ東60祭（※従来のテレ東音楽祭）』からは旧ジャニーズ事務所所属アーティストが過去VTRを含めて締め出され、翌16日にオンエアされた『ベストヒット歌謡祭』（読売テレビ／日本テレビ系）では旧関西ジャニーズJr.出身の関ジャニ∞、なにわ男子、さらにはKis‐My‐Ft2の3組のみが出演したものの、目立っていたのはJO1、INI、Da‐iCE、BE：FIRST、FANTASTICなど他事務所のアーティストたちだったのは明らか。さらに驚かされたのは旧ジャニーズ事務所所属アーティストが出演した『ベストヒット歌謡祭』では、Kis‐My‐Ft2から3人のメンバーに地下アイドルの楽曲をカバーさせたり、なにわ男子を他のダンスグループとコラボさせたりと、これまでなら〝怖くて頼めなかった〟企画モノに起用されたことだ。

旧ジャニーズ事務所所属アーティストたちの扱いがここまで軽くなっていたことには、驚きを通り越してテレビ局の体制に呆れるばかりだった。

「実はIMP.には急遽の出演オファーがあったと聞いています。オンエアの時点で配信楽曲も発表していないNumber_iの出演は難しいでしょうが、IMP.のパフォーマンス力の高さを見せつけるには絶好の機会にも思えました。しかし滝沢秀明氏は横並びの出演者と見比べて、『出演するメリットがない』と判断したようです。確かに旧ジャニーズ事務所以外に4組も5組もダンスグループが出演しているところに加わっても、視聴者から見れば十把一からげですからね」（同前）

このエピローグを記しているのは上記番組がオンエアされた直後だが、何よりも1日でも早くNumber_iの楽曲が世に送り出される日が楽しみでならない。

新たなステップを踏み出した彼ら3人が、どれほど魅力的なパフォーマンスを見せてくれるのか。

これからステージの幕が開く〝Number_i劇場〟から一瞬たりとも目が離せない――。

〔著者プロフィール〕
石井優樹（いしい・ゆうき）

学生時代のADアルバイト経験を活かし、テレビ番組制作会社に入社。（旧）ジャニーズ関連のバラエティ番組に携わると、現場マネージャーとの交流を通して（旧）ジャニーズ事務所や（旧）ジャニーズアイランド社、TOBE社の内部事情に精通。以前、週末に生放送されていた某情報番組でプロデューサーを務めていた。テレビ業界を通じて得た豊富な知識と人脈を活かし、現在は芸能ジャーナリストとしての活動も行っている。

Number_i —新たなるステップ—

2023年12月25日　第1刷発行

著　者…………… 石井優樹
発行者…………… 籠宮啓輔
発行所…………… 太陽出版
〒113-0033　東京都文京区本郷3-43-8-101
電話03-3814-0471／FAX03-3814-2366
http://www.taiyoshuppan.net/

デザイン・装丁… 宮島和幸（KM-Factory）
印刷・製本……… 株式会社シナノパブリッシングプレス

ISBN978-4-86723-154-8

Number_i

×

NUMBER_I

◆ 既刊紹介 ◆

キンプリの"今""これから"
—真実のKing & Prince—

谷川勇樹［著］ ¥1,400円+税

『自分の決断や行動、したことに後悔はしない。
しようと思ってしなかったこと、できなかったことは後悔するけど』〈平野紫耀〉

『これから先、俺は俺の選んだ道の上で、
新しい人生や運命に出会うかもしれない。
少なくともそう信じてる』〈岸優太〉

『"勝てないなら走り出さない"
——そういう選択肢は俺にはなかった』〈神宮寺勇太〉

メンバー自身の「本音」＆側近スタッフが教える「真相」の数々を独占収録!!
—"真実のKing & Prince"がここに!!—

【主な収録エピソード】

・脱退メンバー３人と岩橋玄樹の本当の関係
・岩橋玄樹とメンバーとの"真の友情"
・滝沢秀明と平野紫耀の間にある"因縁"
・"３人の脱退と退所"——事務所サイドからの見解
・King & Princeがデビュー以来直面した"確執"と"葛藤"
・平野紫耀自身が語った"縦読み騒動"の真相
・中島健人が明かした"平野紫耀との関係"
・平野紫耀が賭ける"一発勝負"
・本音を語った永瀬廉の"正直な想い"
・永瀬廉の"ファンを一番に想う"気持ち
・髙橋海人が極める"男性が憧れる"アイドル
・"５人のKing & Prince"として叶えた髙橋海人の夢
・"アイドル" 髙橋海人の揺るぎない決意
・岸優太の"ちょっと変わった"ルーティン
・連ドラ単独初主演に懸ける岸優太の想い
・神宮寺勇太がドラマ出演で学んだ"仕事に対する姿勢"
・"５人でいる時間を大切にしたい"——神宮寺勇太が語った本音

◆ 既刊紹介 ◆

Snow Man
―俺たちのREAL―

池松 紳一郎［著］ ¥1,500円+税

『困難な状況を打ち破りたいときは、
“何が何でもやり遂げる”気持ちで突破する』〈目黒蓮〉

『自分の目の前にいるファンのみんなをどう喜ばせるか？
――俺たちが考えるのはそれだけでいいんじゃない？』
〈ラウール〉

Snow Man メンバー自身が語る“本心”と“決意”
彼らの“今”、そして“これから”
Snow Man の“REALな今”が満載！

【主な収録エピソード】
・Snow Man が打ち立てる“大記録”への岩本照の本音
・リーダー岩本照が持ち続ける“感謝の想い”
・目指せ！ 深澤辰哉“第２の出川哲朗”
・深澤辰哉“Mr.クレーンゲーム”の称号
・ラウールの恩人は“Snow Man のお母さん”
・“キッズダンサー”時代のラウール
・サウナー渡辺翔太と岩本照の“筋肉”で結ばれた絆
・渡辺翔太が明かしたジャニーズ所属タレントとしての“真の想い”
・向井康二が叶えたい“デビュー前からの夢”
・向井康二と室龍太の間に結ばれた“永遠の絆”
・沼落ち続出の“めめあべ”ペア
・阿部亮平が描く“妄想デート”プラン
・“公式 Instagram 開設”――目黒蓮の想い
・“テテめめ”で上がった目黒蓮のモチベーション
・単独レギュラー番組で“舘様流”全開！
・尊いペア“だてめめ”はクールでアツい
・佐久間大介のピアスの穴に宿る“友情の証”
・ジャニーズ Jr. 時代“最も怖ろしかった先輩”

◆ 既刊紹介 ◆

裸のジャニーズ

—誰も語らなかった〝ジャニーズの真実〟—

山瀬 浩［著］ ¥1,500円+税

ジャニーズの表と裏を知り尽くす著者が
自らの体験と取材をもとに赤裸々に語る渾身の一冊!!
門外不出の数々のエピソードをもとに初めて明かす
——“ジャニーズの真の姿”——

【主な収録内容】

・すべての始まり、“合宿所”とは？
・性加害の噂の原点
・ジャニーさんの趣味を決定付けた出会い
・ジャニー喜多川が“最も愛した男”
・メリー喜多川の恐怖政治～強権の始まりは郷ひろみの独立
・たのきんに全力投球～バラエティ・ドラマ進出の原点
・近藤真彦とメリー喜多川の特別な関係
・中森明菜がきっかけでギョーカイに轟かせた『メリー喜多川は恐い』
・少年隊に懸けた世界進出の夢とメリー喜多川の反対
・メリー喜多川が生み出した錬金術
・テレビ局側（バラエティ番組・音楽番組）の忖度はあったのか？
・デビューの仕組みを根底から覆した滝沢秀明への寵愛
・第１次ジャニーズ Jr. 黄金期
・関西ジャニーズ Jr. の創立
・KinKi Kids との出会い
・SMAP VS 嵐
・SMAP に対するジャニー喜多川の親愛
・“スペオキ”と呼ばれたメンバーたち
・これからのジャニーズ事務所～ジャニーズ復活の可能性

太陽出版
〒113-0033
東京都文京区本郷3-43-8-101
TEL 03-3814-0471
FAX 03-3814-2366
http://www.taiyoshuppan.net/

◎お申し込みは……
お近くの書店にお申し込み下さい。
直送をご希望の場合は、直接小社宛にお申し込み下さい。
ＦＡＸまたはホームページでもお受けします。